走进世界著名
海港

本丛书编委会 编

KANTU ZOUTIANXIA CONGSHU

Zoujin Shijie Zhuming Haigang

看图走天下丛书

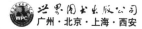

世界图书出版公司

广州·北京·上海·西安

图书在版编目（CIP）数据

走进世界著名海港/《看图走天下丛书》编委会编 . —
广州：广东世界图书出版公司，2009.10 （2024.2 重印）
（看图走天下丛书）
ISBN 978－7－5100－1047－7

Ⅰ. 走… Ⅱ. 看… Ⅲ. 海港－世界－青少年读物 Ⅳ.
U658. 91－49

中国版本图书馆 CIP 数据核字（2009）第 169621 号

书　　　名	走进世界著名海港	
	ZOUJIN SHIJIE ZHUMING HAIGANG	
编　　　者	《看图走天下丛书》编委会	
责任编辑	陶　莎	
装帧设计	三棵树设计工作组	
出版发行	世界图书出版有限公司　世界图书出版广东有限公司	
地　　　址	广州市海珠区新港西路大江冲 25 号	
邮　　　编	510300	
电　　　话	020-84452179	
网　　　址	http://www.gdst.com.cn	
邮　　　箱	wpc_gdst@163.com	
经　　　销	新华书店	
印　　　刷	唐山富达印务有限公司	
开　　　本	787mm×1092mm　1/16	
印　　　张	10	
字　　　数	120 千字	
版　　　次	2009 年 10 月第 1 版　2024 年 2 月第 12 次印刷	
国际书号	ISBN　978-7-5100-1047-7	
定　　　价	48.00 元	

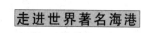
前　　言

　　众所周之，我们人类居住的地球，与其说是地球，不如说是一颗大大的"水球"，地球是太阳系中唯一存在巨大水量的星体。地球的表面积约为5.1亿平方千米，其中海洋的面积约为3.6亿平方千米，占整个地球表面积的71%；陆地面积约为1.5亿平方千米，占地球表面积的29%。在北半球，陆地面积约占39%，海洋面积约占61%。而在南半球，海洋面积约占81%，陆地面积仅占19%，所以，南半球也称"水半球"。

　　随着人类历史的向前发展，尤其是剩余价值的产生，使得交换成为一种历史必然。货币的出现，贸易的范围随之扩大，商贸活动也日趋频繁。因此，一种最为早期的交通工具"船舶"问世。船舶是指能航行或停泊于水域进行运输或作业的工具，在国防、国民经济和海洋开发等方面都占有十分重要的地位。

　　船舶，从史前刳木为舟起，经历了独木舟和木板船时代，1879年世界上第一艘钢船问世后，又开始了以钢船为主的时代。船舶的推进也由19世纪的依靠人力、畜力和风力（即撑篙、划桨、摇橹、拉纤和风帆）发展到使用机器驱动。

　　随着人类造船技术的继续发展，用来停泊船只和运输货物、人员的港口随之出现、发展。港口是具有水陆联运设备和条件，供船舶安全进出和停泊的运输枢纽。它是水陆交通的集结点和枢纽，是工农业产品和外贸进出口物资的集散地，也是船舶停泊、装卸货物、上下旅客、补充给养的场所。由于港口是联系内陆腹地和海洋运输（国际航空运输）的一个天然界面，因此，人们也把港口作为国际物流的一个特殊结点。

　　作为港口，无论在任何国家、地区，对于城市经济、区域经济的发展都起着非常重要的作用。据有关资料显示，全球35个国际化的城市，其中有31个是因为有港口而发展起来的。全球前10名的经济发达城市几乎都是港口城市。有关资料还显示，全球财富的50%集中在沿海港口城市。

港口首先是交通的枢纽，是各种交通工具转换的中心，大量的货物聚集在这里，拉动经济的发展。同时，港口周边地区又发展加工工业，带动了工业的发展。再后来是第三代港口，又促进了国际贸易的发展，一些代理的行业、物流业也随之发展起来。

现在已经发展到第四代港口，是全球资源配置的枢纽。当前，国际发展的重要趋势是全球化，全球化的趋势就是资源在全球范围内的流动与资源在全球的共享，在这样的情况下，资源在全球范围内流动，就要靠海运来支撑，因为海运的运量最大，效率最高，成本最低。故港口周围就变成了资源配置的枢纽。因此，在区域经济发展中，港口对于整合各种生产要素，发展各种产业集群具有非常重要的意义。

同时，港口还是重要的旅游资源。大部分港口城市的自然地貌（山、岛、滩涂）、山林植被（森林、竹林、苗圃、果园）、水质资源（海洋、河流、水库）等广泛化旅游资源类型丰富。如果把这些资源有效地组合起来，将会变成巨大的旅游优势。

现代邮轮旅游是世界旅游业中发展最快的市场，具有消费水平高、经济拉动作用强、辐射带动区域大的特点，是海滨旅游城市的必然选择。积极开拓包括国际邮轮旅游市场在内的高端旅游市场，对于实现旅游经济增长模式由单纯游客数量的增长向旅游质量和效益的增长转变，具有重要的意义。

本书带您走进世界著名海港，了解那里的自然地貌、山林植被、水质资源、生物资源等。同时，让您暂且远离城市的喧嚣，感受海滨的秀丽风光，给心情一份恬静和舒畅，感受海港城市特殊的魅力和风貌。

目　　录

上海港（中国）

上海港地处东海之滨，长江下游黄浦江和吴淞江的汇合处，长江入海咽喉。它是我国沿海最大的港口和运输枢纽，也是国际贸易上最著名的港口之一。上海港区长 170 千米，其中黄浦江内从吴淞口到黄浦江大桥 72 千米，江面宽 500 米左右，可通行万吨级船只，2 万吨级海轮亦可候潮入港。全港区现有装卸作业区 13 个、96 个泊位和 100 多个浮筒泊位，其中万吨级泊位 44 个、外贸泊位 23 个，全港同时可以停泊 100 多艘船进行装卸，每年约有 1000 多艘次外轮、900 多艘次我国远洋船泊进港。整个作业区断断续续分布在吴淞口至闵行的黄浦江两岸。装卸作业设备先进，实现了机械化、系列化、自动化。在上海港有很多专用码头，货主专用码头绝大多数属于工业企业、商业、水产、城建、房屋等行业。在客运方面，客运站设备齐全，候船室同时可容纳 6000 多人，是我国最大的现代化客运站。上海市有优越的海上和陆上交通，当前从上海出发的远洋航线可与世界上 160 多个国家和地区的 400 多个港口通航，也有水路客运航线开往沿海沿江各港口。境内铁路除沪杭、沪宁干线外还有 9 条支线、72 条专用线，形成水路、陆路、公路和全国相连。发达的交通运输，不仅有利于上海的发展和振兴，也带动了长江流域经济的繁荣，使上海成为我国最大的商业中心和对外经济联系的重要门户。

上海当地资源贫乏，大量笨重的原料、材料和燃料需由外地供应，

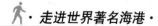

繁忙的上海港

而一些成品和半成品、大量轻工业产品需外运。进入上海的货物中，以大宗货物为主，如煤炭、石油、铁矿石、木材、粮食等约有70％～90％通过水运进入上海。从上海输出的物资种类繁多，如钢材、化工产品、纺织品、日用百货几乎运到全国各地。目前，上海港年吞吐量是1.65亿吨左右。1995年经上海港运输的货物价值超过480亿美元。在运输货物中由于上海所处的位置，有大量中转货物，其中国内占60％，国外占40％，而且中转比重还在上升，这与长江沿线钢铁基地（武钢、马钢、梅山铁厂等）所用的铁矿石由国内供给改为部分从国外进口和发电用的燃料由石油改为煤炭等有密切关系。上海水路客运航线以长江航线最为重要，约占客流的60％。沿海航线北起大连，南至广州都有定期客货班轮运行。上海港的腹地广阔，仅在水运方面与上海有直接来往的省市就有13个。

上海发展到今天的全国第一大港，成为一个多功能的经济中心、全国第一大城市经历了漫长的历史进程。约在5000多年前，上海地区几乎有大半是大海的一角。到了秦代，上海地区出现了最早的城镇。明朝末期，上海已成为江南商品经济活跃地区。乾隆时期，上海已成为全国性的贸易大港。此时，黄浦江已成为有大量船只通往沿海各港和东南亚各国的港口城市。公元1842年，英国攻打吴淞口，逼迫清政府签订《南京条约》。1843年起上海被迫开辟为"五口通商"的口岸（开放广州、福州、厦门、宁波、上海为通商口岸）。之后法、英、日等国亦接踵而来。他们在上海搞租界、设银行、开洋行、办工厂，霸占海关税收，垄断了绝大部分金融外汇和进出口业务，又进一步攫取了中国沿海和长江的航运权，并以上海为中心，开辟多条国内外水运航线，定期航行至香港、东南亚、印度、日本、欧美、澳大利亚等港口。19世纪中叶，外商先后在上海投资开办船泊修造、纺织、印刷、烟草等工业。由于各帝国主义把上海作为他们对华进行经济掠夺的地方，使得上海经济畸形发展。1949年5月27日上海解放，解放后通过经济改造和发展取得了重大变化，其经济在全国占有举足轻重的地位。现在上海已成为我国重要的综合性工业基地，机械、冶金、化工、纺织、食品等占有重要地位。其中，纺织工业是上海市传统的优势产业，部门齐全，设备及生产能力、技术水平、产品质量、花色品种都有明显优势，深受国内外用户欢迎。

上海港运输存在以下三方面的问题：

一是运输量大于运量，港口能力不足。表现在港口泊位和码头长度增加少，而上海工业增长、船泊运力增加、港口吞吐量增长快的矛盾。因此港口经常超负荷运转，常出现"船等泊位"的现象。

二是进港航道浅，影响船舶向大型化发展。黄浦江航道枯潮水深为11米，最深处达20米，最浅处为8米，因此大船不得不利用潮位差每天乘两次高潮进出或减载进港。

三是库场小，设备比较陈旧，影响船舶周转效率。新中国成立以来，全港仓库、堆场仅增加了 20％，平均每个泊位仅有库场 1.3 万平方米，相当于国外同类型港口的 1/4。

上海港为了适应日益增加的航运业务，已在港区南面开辟了一条新的航道，以加强航运管理和增加进入上海港的船只。现在中小型船只在航运中占 80％，这些船只都用深水航道。建立的新航道把航运区分成三条航道：一条是行驶吃水深度超过 8.5 米的船只；另一条是行驶吃水深度不到 8.5 米的船只；还有一条是行驶吃水深度不到 4 米的船只。并且到 20 世纪末上海港港口的运输能力已增加到 2.2 亿吨。

维多利亚港（中国）

　　香港是当今世界上最优良的三大海港之一，也是次于纽约、伦敦的国际金融中心，还是国际航运、金融、贸易、旅游等为一体的高度发达的现代化大城市。它位于我国广东省珠江口东侧，包括香港岛、九龙半岛和新界三部分，面积 1061.8 平方千米，其中香港岛面积 75.6 平方千米。香港原属新安县（今深圳市），面向太平洋，南临南海，东为大鹏湾，西为珠江口，是东亚和西亚海上运输的枢纽。

维多利亚港夜景

100多年前，香港是个人烟稀少的渔村。1841年只有3650人居住在20多个村落。1842年鸦片战争后，英国侵略香港岛，1860年又侵占九龙半岛南端尖沙咀一带，1898年又强行租借九龙半岛深圳河以南地区及附近诸岛（其中九龙城管辖权仍属我国）。香港被英国侵占后，在长达100多年的过程中，其经济发展主要是从20世纪60年代以来的20多年中，经济发展很快，现已成为既有对外贸易又有加工工业和多种经营的现代化工商业城市。

香港面积不大，海岸线却长达近800千米，呈长锯齿形，其中70％的海岸线为陡峭石质岩岸，形成许多海湾、岬角和半岛，为建设海港提供了优越条件。在香港岛与九龙半岛之间有一个维多利亚海湾，港阔水深，终年不冻不淤，总面积59.5平方千米，平均水深10米左右，东西长南北宽，最宽处9.6千米，最窄处1.2千米，吃水12米的巨轮可以自由出入，是世界上少有的良港。现已成为设备先进齐全的现代化海港，拥有74个巨轮泊位、2个客运码头、7个集装箱码头。大部分码头均能靠泊万吨级远洋货轮，在港内仅供远洋轮停泊的浮筒就有70多个，拥有容量达200万吨的仓库。目前香港每艘普通货轮停留港内装卸货物平均只有2.8天，集装箱船平均20小时左右，成为远东装卸货物最快的港口。台风期间可供200艘远洋船只进港避风，可供当今世界最大的6万吨级集装箱巨轮停泊。海上运输作业十分繁忙。1993年进出港口的远洋船只达到66496艘，平均每2.2分钟就有一艘出入港口。此外，每年还有10万艘左右的内河船只进港作业。按港口吞吐量计算，1979年香港就已经成为世界第7大港。1993年海港吞吐量超过1亿吨。在港口货物运输中，入口货物主要是工业原料及半制成品、建筑材料、机器、食品和日用消费品等。其中，大宗运输货物有水泥、木材、矿物油和谷物等。出口货物以纺织品为大宗，还有服装、电器、电子制品和钟表等；进口货物主要来自中国内陆、台湾、日本、美国等地。出口去向，主要是运往中国内陆、日本、美国、德国、英国等地。除货物运输外，客运有 2 个现代化码头。1993 年旅客吞吐量已达 1300 万人次。旅游业不但在接待游客方面居世界前列，而且旅游服务设施也相当完备，成为国际旅游中心之一。

香港是一个转口港，从开埠至今一直起着转口港的功能，主要是菲律宾、南韩、印度尼西亚、泰国、日本、美国、台湾和我国内地，特别是华南地区等都以香港为枢纽进行转运。我国实行对外开放政策以后，香港与内地的经济贸易关系更加密切，内地经香港转口和国外各地经香港入内地货物的数量显著增加。1993 年香港转口贸易值占本地区产品出口与转口总值的 79%。所以曾有转口贸易是"香港经济的血液"之说。

为了发挥使用集装箱运输的优点，香港从 1969 年开始使用集装箱，虽然起步较晚，但发展很快。从 1975 年至 1979 年，每年处理的集装箱平均有 40% 是转运的。到 1979 年，出口货物有一半以上是采用集装箱运输的。葵涌集装箱码头全长 2300 米，约有 85 公顷的装卸场地，包括集装箱卸场和货运站，可同时供 6 艘"第三代"集装箱轮停泊装卸货物，并可随时直接停靠 6 万吨级集装箱轮。香港集装箱吞吐量在 1980 年超过神户，名列世界第三；1985 年又超过纽约升为世界第二；1987 年超越鹿特丹，并于 1988、1989 年连续领先。目前，香港从事集装箱运输的港口码头的设备和规模可与美国的纽约、荷兰的鹿特丹、日本的神户并列，成为世界四大集装箱港之一。

香港是一个自由贸易港，自 1842 年英国宣布香港为自由贸易港起，香港一直采取免税或低税政策，对商业贸易进行保护，直到现在绝大多数商品进出仍无需领证。进出口货物除酒、烟、某些碳氢油类、甲醇、不含酒精的饮料及化妆品等 6 种货物外，其余一概免收关税。进出口手续亦比较简单。在航运政策方面主要实行企业自由经营，船舶自由进出和船舶自由登记。在 1973 年和 1974 年先后取消了对外汇市场和黄金市场的管制，货币可以自由兑换，外汇市场完全开放，资金出入自由，因此，70年代以来，大批外国金融资本涌进香港。据统计，世界性的50个大银行集团中，有44个在香港设有办事处。外国银行在香港开设的办事处有130多家。这是继伦敦、纽约之后，香港已成为世界著名的自由港和重要的国际金融中心之一。

香港对外贸易的货物运输主要是通过海运进行，海运占货物运输总量的90％以上，陆路运输约占9％，空运货物占比重很小，不到1％。可见海运对香港经济发展和对外贸易的重大意义。香港已成为一个现代化国际海运中心，与世界上100多个国家和地区的460多个港口有海运和贸易往来，形成了一个以香港为中心的海上运输网络；但香港在航运上港口货物装卸量不平衡，这是由于香港工业所需用的原材料、建筑业所需用的材料和设备以及居民所需的食物和一些消费品几乎全靠外来供应，而香港生产的出口货物是体积小、价值高的商品，因此反映在运输

维多利亚港

上，卸货量比装货量大 2～3 倍，使得一些轮船不能满载离港，给航运带来困难。另一问题是香港市区不断扩展，市区交通日益增加，出入港区越来越拥挤，难以找到空间扩大港区作业，集装箱运输迅速增加也造成了码头的拥挤。

　　香港是我国对外贸易的门户。我国许多大宗进出口货物都是经过香港转口。根据 1984 年 12 月 19 日中英政府签署的联合声明，中国政府于 1997 年 7 月 1 日对香港恢复行使主权。

　　随着京九铁路的开通，香港与内地的联系更为紧密，一个崭新的更为繁荣、稳定、发展的香港，已出现在世人面前。

高雄港（中国）

　　高雄市是台湾省内仅次于台北市的第二大城市。全市总面积 153.6 平方千米，其中市区面积为 49 平方千米，市区人口 100 余万。

　　高雄港位于台湾省的西海岸，台湾海峡的南口，是台湾省最大的商港，也是军港和渔港。港区总面积 26.66 平方千米，其中水域面积 12.8 平方千米。整个港区处于一个狭长海湾内，港口呈狭长条形，港外有一条长 11000 米、宽 200 米的沙坝，形成天然的防波堤，受风浪影响小，即使有台风侵袭，海湾内还是风平浪稳。高雄港有 2 个出入口，进出港的第一港口宽 120 米、水深 11.2 米，可通行 3 万吨级船只；第二港口宽 250 米、水深 16 米，航道全长 18 千米。其中主航道自第一港口至第二港口长 12 千米，可供 10 万吨级以下船舶自由航行，第二港口可通行 10 万吨级以上船舶。全港现有码头 88 座，其中集装箱码头 11 座、谷类专用码头 3 座、杂货码头 25 座、大宗货物码头 11 座、浮筒 25 座，码头全长 18280 米。港区有仓库、货栈 86 栋，总容量为 57 万多吨，另有露天堆货场 19 处，容量 6 万吨，集装箱储运中心 3 处。高雄市的海上运输四通八达，在沿海由高雄至基隆、马公、花莲、台东等形成环岛沿海运输圈。远洋运输航线有至美国、西欧、中东、日本、澳大利亚、印度尼西亚、马来西亚和香港等国家和地区的定期或不定期航班。由于高雄地处远东到东南亚航线的中点和远东到欧洲航运的要冲，从而有大量过往远洋船舶到高雄停靠。进入 20 世纪 90 年代，从高雄进出港的船舶有 2 万多艘次，货物吞吐量 7000 多万吨，占台湾全省货物吞吐量的 2/3 左右。在进港的货物中，主要是石油、铁矿砂、钢材、通讯设备、电子原料、杂粮、棉花、木材等；出港的货物有大米、糖、樟脑、水果、轻工产品等。高雄又是台湾省远洋渔业基地，有 4 个较大渔港，可容渔船 1000 余艘，年渔获量约占全台湾渔获量的 1/5，也是主要外销农产品之一。台湾的对外贸易在国际贸易中所占地位，1987 年占第十二位，其中出口额居世界第十位，进口额居第十七位。在台湾进出口货物量中，高雄港占台湾全省装卸量的 58％，卸货量的 65％。可见，高雄港在台湾对外贸易中占有重要地位。高雄市的经济发展与高雄港的作用更是密不可分，高雄发展工业所需的原材料，绝大部分从国外进口，高雄港为此提供了非常有利的条件。同样，高雄的经济发展，也为高雄港的建设和发展提供了物质基础。

高雄市的经济开发，较大陆沿海各省稍晚，但高雄市却是台湾全省

高雄港全景

开发最早的地方。高雄旧称"打狗"、"打鼓"，这个名字是从早年高山族"TAKAV"的音译而来，因闽南语中狗与鼓两字同音，故有两个名称。早在明朝天启四年（公元1624年）由福建、广州沿海移居而来的渔民与大陆沿海间即有贸易往来，其海湾逐渐成为台湾西海岸最早的停泊港之一。1895年，甲午中日战争，清政府战败，割让台湾、澎湖给日本。日本殖民者于1920年将台湾行政区划改为"五洲一厅"，其中的"高雄洲"是高雄地方得名之始。1924年改为高雄市。由于受荷兰及日本军国主义者的侵占和掠夺，高雄的经济开发带有殖民经济特点。从荷兰殖民者占领台湾，到郑成功收复台湾，直至1885年清政府正式在台湾建省，高雄都是当时台湾经济最发达的地区。1945年抗日战争胜利后，台湾重归中国，1979年高雄市改为和台北市均为与省平行的行政单位。高雄市土地面积占台湾全省总面积的27％，人口占全省的29％。从60年代中期起，台湾省进行"十大项建设"，在高雄市陆续兴建了钢铁厂、造船厂、炼油厂等。高雄市现已发展为台湾省内以重工业为主的最大的工业中心，这些工业包括钢铁、机械、造船、石油炼制、化工原料等。此外纺织、造纸和电子电器等也是高雄市的重要工业部门。由于台湾钢铁工业原料缺乏，除进口铁矿砂外，利用拆旧船的钢铁，价格又合算，所以高雄市的拆船工业发展很快。高雄港有旧船拆卸专用码头。从20世纪70年代中期起，高雄的拆船量占台湾全省拆船量的95％和世界拆船量的15％。优越的地理位置及港口条件和发达的工农业生产是高雄港得以发展的良好基础。

随着高雄城市及港口的不断扩大，吞吐量不断提高，高雄港现已成为台湾第一大港，并成为国际知名港口之一。高雄优越的海上交通及陆路交通，一直成为台湾南部的货物集散中心。工业的发展带来了商业的兴盛，高雄现已成为台湾省最大的工业中心和第二大城市。

大连港（中国）

　　大连市位于辽东半岛最南端，东临黄海，西濒渤海，南与山东半岛隔海相望，北为东北大陆，处于交通的中心地带，对五洋四海皆可通航。大连市依山傍海，丘陵起伏，环境优美，气候宜人，是辽宁省仅次于沈阳的第二大城市，总面积（包括所属市县）12574平方千米，人口500万（市区人口230万）。

　　大连是东北地区最大的海港和对外开放的门户。大连港是我国仅次于上海港的第二大综合性海港，在国际贸易往来和国内物资交流方面起着重要作用。

　　大连港位于大连湾内，港区码头处于大连湾的西南岸，由于港口所在地为基岩海岸，建港条件十分优越。大连湾外有三山岛形成海上天然屏障，阻止东南风的袭击；大连半岛阻止西北风的袭击，北来的寒流又被朝鲜半岛所阻挡，并具有海水含沙量小、盐分高、结冰点低、波浪小、港阔水深、波平浪稳、不淤不冻等优点。

　　大连港水域面积360平方千米，陆域面积5.71平方千米，共有7个作业区，55个泊位，其中万吨级以上的28个。港区划分为：大港区，是大连港最主要的作业码头，是以钢铁、杂货、散粮为主的综合性码头；寺儿沟区，在大港区的东南岸，为成品油码头；甘井子区，在大港区北岸，为大连煤炭输出专用码头；黑嘴子区，在大港西部，供沿海小船作业；香炉礁区，在大港西部，是木材专用码头；鲇鱼湾区，为原

大连港鸟瞰图

油输出专用码头，是 1976 年建成的一座 10 万吨级深水石油码头，有一条 1400 米长全部焊接的栈桥伸向海面，栈桥码头两侧可分别停靠 10 万吨级和 5 万吨级油轮。大庆油田的原油通过输油管道输送到这里，可直接装上油轮运往我国各地和出口国外。港区拥有营运仓库面积 30 万平方米，货物堆放场面积 88 万平方米，各种油类贮藏罐总面积 60 万平方米，自营铁路 136 千米。港口装卸实现了机械化，有 90% 的货物集散由铁路来完成。年货物吞吐量约 5000 万吨，在全国各港口中仅次于上海，居第二位。在吞吐量中，主要货运品种石油的输出量占全港输出量的 60%，其他占比重较大的货运品种有钢铁、粮食、木材、矿石、盐和杂货。在输出货物中，外贸货物吞吐量占 70% 以上，居全国第一位。大连港与世界上 140 多个国家和地区有贸易往来，每年来港的外籍船只1100 多艘次；国内固定航线有通航上海、天津、青岛、广州等多条航线。1980年，大连港新建的可容4000名旅客的客运站，年输送旅客近300万人次。为适应国际集装箱运输发展的需要，大连港对大港区码头进行了改造，已建成通过能力2万标准箱的国际集装箱专用码头。

大连港腹地广阔。大连市区工业部门比较齐全，大型骨干企业多，成为全国著名的综合性工业城市，已形成以机械、石油、化工、炼油、纺织和电子工业为骨干的综合性工业体系。在农业方面，大连是全国重要的滨海渔场和海水养殖海区。大连是海带养殖的发源地，现已推广全国，产量居世界首位。

海产品为外贸出口和发展食品工业创造了良好条件。大连的苹果品种达100多种，是我国苹果出口基地。大连港的吸引范围非常广阔，它是东北三省和内蒙古东四盟市的主要出海口，素有东北的"窗口"之称，也被誉为振兴东北经济的"龙头"。在大连港的吸引范围之内，资源极其丰富，是全国的林业基地、粮食基地、能源基地、钢铁基地、化工基地；每年有大量的木材、粮食、石油、钢铁、机械、海产品、水果等输出，并输进金属、矿石、煤炭、小麦、杂货等。

大连港通过铁路和公路与整个东北经济区相连接。大连是哈大线的终点。它是大连与东北以及国内腹地联系的主要铁路干线，另外还有通往各地的支线多条；公路与腹地直接联系的有瑷（珲）、鹤（岗）等公路干线；民航除与国内主要大城市通航外，有通往香港、日本等航线。

大连是我国北方开发历史比较晚而发展较迅速的海滨城市。城市因筑港而兴起。这里原为一个人烟稀少的小渔村，曾叫"三山浦"、"青泥浦"、"青泥洼"等，由于大连地处由山东半岛到东北地区的水陆交通要道，又是汉民族与东北少数民族物资交换转运站，处于海防要地的位置，加上自然条件比较优越，因此开发较快，经济发展迅速。19世纪末，比大连早发展起来的羊头洼、金州和旅顺口等港市已不敷使用，需要另找出海口岸，以满足经济发展的需要。由于大连的地理位置和诸多优越条件，引起了国内外各方面的重视。英、法、俄、日等国家的殖民主义者早就对大连垂涎三尺。在帝国主义列强瓜分中国的狂潮中，1894年中日"甲午战争"爆发，清政府战败，日本帝国主义强占了辽东半岛。不久，由于俄、德、法"三国干涉还辽"，日本被迫退出了辽东半岛。1898年俄国又和清政府签订了《旅大租地条约》，强租大连。为了达到长期占领大连和掠夺东北资源的目的，沙俄着手对大连进行了港口、铁路以及城市的建设。1903年港口开始通航，中长铁路开始通车，由此将辽东半岛和西伯利亚铁路以及海参崴港联结起来。1904年爆发了日俄战争，沙俄战败，日本帝国主义者又重新侵占大连，开始了长达40余年的统治。1905年2月命名为大连市。日本军国主义者为使大连成为军事侵略的据点和经济侵略的商业中心，对大连港的建设十分重视。1939年完成了大连港的主体工程建设，当时吞吐量达1200万吨，超过了当时日本的大阪、横滨、神户等大港的吞吐量，成为远东第二大港。随着港口与外贸的发展，促进了大连城市建设的发展。1945年日本投降前夕，大连城市面积达45平方千米，城市人口达70多万人。1945年8月22日大连解放。解放后，大连港经过恢复和多次大规模的改建、扩建、新建，已经成为拥有门类齐全、设备先进的现代化综合性海港。

　　大连市是借助沿海的优势，以发展港口立市，发展外贸和工业兴市的现代化港口城市。大连港是城市形成与发展的基础。大连港仍在继续建设香炉礁码头、和尚岛煤炭、危险品码头，进一步扩大港口生产能力。

青岛港（中国）

　　青岛港位于中国山东半岛南岸的胶州湾内，港内水域宽深，四季通航，港湾口小腹大，是我国著名的优良港口之一。它主要由大港、中港和黄岛油港、北港、前港、西港等组成。各港码头均有铁路相连，环胶州湾高等级公路与济青高速公路相接，腹地除吸引山东外，还承担着华北对外运输任务。青岛港是晋中煤炭和胜利油田原油的主要输出港，也是我国仅次于上海、深圳的第三大集装箱运输港口。

　　青岛港始建于 1892 年，已有 100 多年的历史。它是我国重点国有企业，中国第二个外贸亿吨吞吐大港，也是太平洋西海岸重要的国际贸易口岸和海上运输枢纽。

　　青岛港前湾四期位于前湾新港区南岸，是青岛港集团一次性建设规模最大的集装箱码头，码头岸线全长 3420 米，规划建设 10 个水深负 18 米至负 20 米大型顺岸集装箱泊位，同时配套建设一个国内最大的铁路多式联运物流中心。码头配置起重量最大、外伸距最长、装卸效率最高的 30 多台装卸桥，前 4 个泊位已于 2008 年底完工，配备了世界上最先进的 8 台双吊具双小车装卸桥与 16 台轨道吊。预计至 2013 年，10 个泊位全部建成投产。工程建成后，四期码头集装箱吞吐能力为 640 万标准箱，可停靠当今最大的装载 1.5 万标箱的巨型集装箱船。

　　到 2008 年年底，青岛港总资产已达到 2.5 亿元，其中固定资产多达 180 亿元，并拥有全国最大的集装箱码头、原油码头、铁矿码头和国际一流的煤炭码头、散粮接卸码头。有近 20 家合资企业——其中有 6 家世界 500 强企业——与青岛港合资。

青岛港夏季多南风及东南风，冬季多北风及西北风。每年大于 7 级以上大风天约 8 天；台风每年约发生 1～2 次，对港口影响甚小。年平均降水量为 755.6 毫米，6～8 月降雨最多，占全年的 70％。年平均雾日 51.6 天，每年 4～7 月为最多，对航运、生产影响不大。年平均气温为 12.1℃，极端最高气温 35.4℃，极端最低气温－16℃。

青岛港的潮汐为正规半日潮型，平均高潮位 3.85 米，平均低潮位 1.08 米，最高高潮位 5.36 米，最低低潮位 0.70 米。青岛港的潮流属半日潮流，总的特点是涨潮流速大于落潮流速，涨潮历时小于落潮历时；潮流基本属于往复流，最大流速方向同海岸平行。前湾最大涨潮流速 0.51 米/秒，最大落潮流速 0.33 米/秒。

青岛港是国家特大型港口，主要从事集装箱、原油、铁矿石、煤炭、粮食等各类进出口货物的装卸、储存、中转、分拨等物流服务和国

青岛港码头

际国内客运服务，与世界上 130 多个国家和地区的 450 多个港口有贸易往来。青岛港现有员工 2.3 万多人，另外还有农民工 9000 多人。青岛港由青岛老港区、黄岛油港区、前湾新港区三大港区组成，拥有泊位72 个（商用泊位 46 个），其中包括可停靠 12000～15000 标准箱船舶的世界最大的集装箱码头，可停靠 30 万吨级超级巨轮的矿石码头、原油码头，10 万吨级煤炭码头。目前，世界上有多大的船舶，青岛港就有多大的码头。

港口吞吐量由 2000 多万吨增至 2007 年的 2.65 亿吨，居世界大港第七位。集装箱吞吐量从 20 世纪 80 年代末的 2 万多标准箱，一路攀升，超过了日本、美国所有港口，2007 年达到 946 万标准箱，居世界第十位。港口完成外贸吞吐量 1.9 亿吨，继续保持全国沿海港口第二位；完成铁矿石吞吐量 8151 万吨，其中完成进口铁矿石 6086 万吨，继续保持世界港口第一位；完成石油吞吐量 4470 万吨，其中完成进口原油 2773 万吨，继续保持全国沿海港口第一位。

随着中国经济的发展，青岛港的作用将越来越大。

宁波港（中国）

　　宁波港位于浙江东海岸，包括北仑、宁波、镇海、大榭、穿山五个港区。它是我国历史上对外贸易的重要港口和海运中转枢纽，也是世界重要港口之一。宁波港作为中国大陆重点开发建设的四大国际深水中转港之一，在区位、航道水深、岸线资源、陆域依托、发展潜力等方面具有较大优势。

　　北仑港是现宁波最重要的港区。它是我国第一座 10 万吨级的矿石转运码头，主要为上海宝山钢铁总厂进口铁矿石服务。此外，北仑港港阔水深，有可进 30 万吨级巨轮的航道。码头设备先进，机械化程度高，巨型装卸船的抓斗一次能抓 30 吨矿砂；一艘 10 万吨级的船舶货物，一天多时间就能完成。宁波老港主要为客运港。镇海港已建成具有万吨级和三千吨级的两座煤炭专用码头，并在甬江口东侧新建两座 24000 吨级的原油码头。

　　经中华人民共和国交通部同意，自 2006 年 1 月 1 日起，"宁波－舟山港"的名称正式启用，原来的"宁波港"、"舟山港"名称不再使用。

　　2008 年 1～11 月份，"宁波－舟山港"累计完成货物吞吐量 48263.9 万吨，其中，宁波港域完成 33398.5 万吨，舟山港域完成 14865.4 万吨；累计完成集装箱吞吐量 1016.4 万标准箱，其中，宁波港域完成 1008.4 万标准箱，舟山港域完成 8 万标准箱，居全国第三位；累计完成外贸货物吞吐量 21466.5 万吨，其中，宁波港域完成 15621.6 万吨，舟山港域完成

宁波港

5844.9 万吨。

在 2008 年世界集装箱港口吞吐量排名中，宁波港以年吞吐量 1084.6 万标准箱的优异成绩跻身世界前十强，并超越荷兰鹿特丹港等知名港口，排名从 2007 年的第 11 位上升至第 8 位。

宁波港常风向西北，频率 13.4%；次常风向东北，频率 11.0%；冬季常风向西北北，夏季常风向东南东向；强风向东北、东北北，最大风速分别为 38 米/秒和 37 米/秒。多年平均≥6 级风天数 32 天，≥7 级风天数 15 天，≥8 级风天数 6 天。

该地区雨量充沛，年平均降雨日数 158 天。每年 5～6 月为梅雨季节，7～10 月有台风带来的暴雨，9 月份雨量占全年的 25%，冬季降雨量较少。多年平均降水量 1411 毫米，月最大降水量 243 毫米，日最大降水量 145 毫米，多年平均降水量≥25 毫米的降水天数为 11 天。多年平均气温 16.3℃，极端最高气温 39.4℃，极端最低气温 −10℃，最高月平均气温 28.1℃（7月），最低月平均气温 4.3℃（1月）。

宁波港水域历来不冻，终年通航。宁波港属不规则半日潮。年平均最高和最低潮位分别为宁波港 3.1 米和 1.43 米，镇海港区 2.19 米和 1.16 米，北仑港区 2.9 米和 1.12 米。年平均潮差分别为：宁波港区 1.74 米，镇海港区 1.71 米，北仑港区 1.82 米。甬江潮流顺河道而流，流速一般大潮涨、落流为 1～2 节，如遇甬江上游排洪时，落潮流最大可达 2.5 节。

大风时潮位和流速都会有一定影响。北仑港区潮流多为往复流，已建 20 万吨级矿石码头的设计流速为：涨潮 1.50 米/秒，流向 298 度；落潮 2.0 米/秒，流向 114 度。

宁波、镇海港区均系内江，无浪。北仑港区四周有舟山群岛环抱为天然屏障，波浪较小，无需建防波堤。

宁波港进港航道有两条：北航道，经甬江口、七里屿、大戢山至长江口灯船，可通过 2.5 万吨级船舶；南航道，从舟山群岛的虾峙门进口，经螺头水道、金塘水道直抵北仑港区。南航道除虾峙门外有约 3 公里长的水深为 17.6 米浅段外，其余水深均达 20 米以上，15 万吨级以下船舶可自由进出，20 万吨级船舶可候潮进港。宁波港在大榭、峙头、虾峙设有雷达导航站，对船舶进行全天候导航。

宁波港全港设有灯桩 5 个、灯塔 4 座。4 座灯塔分别设在塘脑山、鱼腥脑、太平山、七里屿。

目前，宁波港口集装箱班轮航线已达 210 条，其中远洋干线有 118 条，全球排名前 20 位航运公司已全部开通宁波航线，每月集装箱航班近 900 班，已与世界上 100 多个国家和地区的 600 多个港口有贸易运输往来。

天津港（中国）

天津港是海港、河港合一的港口。其引航区域范围较广，航线较长，港口水文地貌复杂，作业条件艰苦。天津港的特殊条件和自然环境，要求引航员不仅具备强烈的事业心和责任感，还必须有扎实的专业理论基础、丰富的实践经验和过硬的引航技术。近年来，引航站加大科技投入，引航设施、设备不断更新，努力与国际接轨。引航生产调度已使用电脑派船；引进了 D−GPS 导航系统；实现了办公自动化。多次引领第六代集装箱船和"超巴拿马型"船舶，为天津港引航史揭开了新篇章。

1989 年，为适应渤海湾石油开发生产的需要，天津港引航站承担了在渤海海域油田超大型油轮单点系泊的引航业务。该项业务在国外引航专业中具有领先水平，天津港引航站开创了我国引航史的首例。该引航课题在 1993 年被评为国家交通部科学技术进步三等奖。到 2002 年 12 月份，已安全引领 1856 艘次，有力地配合了渤海石油工业的发展，为我国对外经贸赢得了良好信誉，创造了显著的经济效益和社会效益。

天津港引航站多年来坚持安全引航，以优质的服务赢得了船方、货主及基层公司的信赖和满意。据了解，作为国内沿海港口开行最早、运量最大、运距最短的亚欧大陆桥运输线路港口，天津港 2008 年又开通了内蒙古满洲里过境集装箱班列，成为中国唯一拥有亚欧大陆桥全部三条通道的港口。

作为中国华北、西北地区最主要的出海口，天津港吞吐量70％以上来自天津以外，成为中国大陆沿海港口码头功能最齐全的港口之一和北方最大的综合性港口。它拥有集装箱码头、铁矿石码头、煤炭码头、石油化工品码头、国际客运码头等各类专业化码头，与世界上180个国家和地区的400多个港口有贸易往来，每月航班400余班，直达美洲、欧洲、亚洲等世界各地枢纽港口。

2008年天津港货物吞吐量达到3.56亿吨，比2007年增长5000万吨；集装箱吞吐量突破850万标准箱，同比增长19.7％，超过中国沿海港口平均增长水平；货物、集装箱吞吐量均创历史最高水平。

天津港已经成立了集装箱业务部，优先发展集装箱业务。天津港集团有关负责人介绍，今后天津港还将大力进行基础设施建设，建立海铁换装中心，在港口操作上提供优惠，全方位推动亚欧大陆桥集装箱运输的发展。

天津港

厦门港（中国）

　　厦门港自然条件优越，常风向为东北，东南风次之，强风向为东南东及东北，每年5～10月为台风季节，平均每年在厦门登陆的台风有1～2次，受其影响的有3～4次。年平均降水量为1181.0毫米，5～10月为雨季，年平均降水天数为129天。年平均气温20.8℃，最高的7、8月，月平均气温28.3℃，最低的2月份，月平均气温12.5℃。属正规半日潮型。平均高潮位5.66米，平均低潮位1.74米，平均潮差3.96米。

　　厦门港属往复流，落潮流大于涨潮流。涨潮流最大流速0.46～0.57米/秒，方向333度。落潮流最大流速0.61～0.93米/秒，方向137度。洪水季节里鼓浪屿南面的落潮流速可达2.57～3.08米/秒。

　　厦门港是一个条件优越的海峡性天然良港，在我国历史上已是东南沿海对外贸易的重要口岸。其海岸线蜿蜒曲折，全长234公里。该港地处上海与广州之间，福建省东南的金门湾内，九龙江入海口。它面向东海，濒临台湾海峡，与台湾、澎湖列岛隔水相望，为我国东南海疆之要津，入闽之门户；具有港阔、水深、不冻、少雾、少淤、避风条件好等优点，万吨巨轮不受潮水影响可以随时进出，是中国东南沿海的一个天然良港。厦门港开港于1843年，是厦门经济特区的一部分，海域面积达275平方千米，分为内港和外港两部分，主要担负厦门市和福建省内外贸运输任务，也承担江西省某些物资的中转任务。

落日余晖下的厦门港

　　厦门港现拥有和平、东渡、高崎和海沧4个港区。

　　和平港区位于厦门内港东岸南段，紧临老市区，开发最早。

　　东渡港区位于厦门内港东岸中段、湖里工业区西部，始建于1982年，1984年建成投产。东渡港区一期岸线总长976米，拥有4个万吨级以上深水泊位，其中1个万吨级集装箱泊位，2个可靠泊5万吨级船舶的散货泊位。东渡二期岸线总长650米，拥有2个分别为2.5万吨和3.5万吨级集装箱泊位和1个2万吨级杂货泊位。

　　高崎港区位于厦门内港东岸北段，邻近高集海堤和鹰厦铁路。它是以散杂货中转为主的中、小泊位港区。

　　海沧港区位于厦门内港西岸南部，始建于1990年，拥有1个3万吨级和2万吨级的集装箱泊位，另在建的2万吨级泊位1个。

　　1996年8月，厦门港被确定为海峡两岸直航试点的两个口岸之一。1997年，全港共拥有大中小泊位81个，年货物吞吐量达1753万吨，跻身于中国沿海十大港口行列。

厦门港交通发达，形成了陆、海、空立体交通体系。铁路运输有鹰厦铁路为干线，省内与外福线、漳龙线、漳泉等铁路支线连接。厦门的公路通过高集海堤、厦门大桥和海沧大桥与全省公路连网，形成了以福厦、厦漳主干道为骨干的运输网。厦门的高崎国际机场已拥有国内外航线75条。水运航线可通我国沿海、长江中下游和世界各港，内河可通九龙江干支流和乡镇码头。

福州港（中国）

福州港位于中国大陆东南部、台湾海峡西岸，为大陆沿海主枢纽港之一，是沿海主要外贸口岸及闽台贸易重要港口。

福州港由河口港与海港组成。河口港居闽江下游河口段，全长 66.6 千米；海港分布在闽江入海口南北两翼的福清湾、罗源湾等深水港湾。

截至 2005 年底，全港拥有生产性泊位 134 个，其中深水泊位 23 个，最大可靠泊 5 万吨级集装箱船；主要经营能源、原材料、矿建材料和集装箱等运输业务。2005 年全港货物吞吐量 7443 万吨，集装箱吞吐量 80 万标准箱。该港口与近 40 个国家和地区通航，开辟了 12 条国际班轮航线，每月有 110 个国际航班靠港作业，并且有直达码头前沿的铁路专用线。

福州港将建成以大型干散货运输中转为特色的国家主要港口，重点开发外海深水港区。江阴港区以建设西部作业区大型集装箱码头、东部作业区冶金深水泊位为主；罗源湾港区以可门作业区、将军帽作业区大型能源、矿石深水泊位为主；闽江口内和松下港区分别以建设长安、洋屿作业区内集装箱运输和滨海工业区临港工业泊位为主。到 2010 年，福州港新增泊位 25 个，新增吞吐能力 3723 万吨，其中集装箱 134 万标准箱。实现货物吞吐量超亿吨，集装箱吞吐量超 200 万标准箱。

港口水陆空交通便利。港内马尾港务公司的作业区专用线直接与马福铁路衔接，经外福铁路接鹰厦铁路而达全国各干线。公路经福州与全省公路网联接，并与上海、广州、深圳等地开通直达客班车。

福州港依靠对台经贸往来以及"三通"的优势，不仅发挥着港口运输、装卸储运、工业开发、通信信息、综合服务等功能，还充分发挥现代港口物流功能。从现阶段来看，要着力加快江阴港区深水集装箱专用泊位、罗源湾港区大型散货专用码头以及松下港区粮食专用泊位的建设，特别是加快江阴港区保税物流园区的建设，争取实施某些自由港政策，推进集装箱运输、远洋干线运输发展。

　　福州港是我国沿海 20 个主枢纽港之一，已与世界上 40 多个国家和地区的港口开展贸易往来，每年到港船舶达 4000 多艘次。2007 年福州港的综合竞争力位列全国港口第 17 位。

　　2009 年 1 月 23 日，15 万吨级矿石船"艾卡费尔斯"轮在福州港引航站引航员的精心引领下，安全靠泊福州港罗源湾港区。该轮为希腊籍货轮，船长 283.07 米，船宽 45 米，吃水 18.03 米，装载矿石 160700 万吨，这是迄今福州港靠泊的吃水最深、载货最多的船舶。这次事件创造了福州港引航史的纪录。

福州港

临海矗立的钟楼,是连云港港口的重要标志。连云港作为终年不冻的良港,是我国重要的八大海港之一。

连 云 港（中国）

连云港市位于江苏省东北部,东经 118 度 24 分～119 度 48 分和北纬 34 度～35 度 07 分之间,东濒黄海,与朝鲜、韩国、日本隔海相望;北与山东郯城、临沭、莒南、日照等县市接壤;西与徐州新沂市、宿迁市沭阳县毗邻;南与淮阴市涟水、盐城市响水 2 县相连,东西长 129 千米,南北宽约 132 千米,土地总面积 7444 平方千米,水域面积 1759.4 平方千米;辖东海、赣榆、灌云、灌南 4 县和新浦、海州、连云 3 区及国家级经济技术开发区,总人口 480 万。新浦区为市政府所在地。

港口作为一种资源是连云港市最具特色的一大优势。其主要表现为两方面:一是,连云港与海州湾沿岸附近的燕尾港、海头港、小丁港乃至石臼港等,构成中国未来大型的港口群体,具有较强的对外贸易能力。同时,燕尾港、小丁港、海头港 3 个港地势开阔,可容纳大规模的临海工业,特别是建设大型港口电站、钢厂、化工基地和运输机械、拆修造船及农副产品加工等企业。这样,不但可以形成以连云港为中心的港口群体,带动沿海工业发展,而且可以形成以连云港为中心,联通世界的海河水陆运输体系。二是,连云港拥有辽阔、稳定的经济腹地,即整个"陇海——兰新"经济地带,对中国腹地丰富的物产资源及广大的消费市场有着较强的凝聚力和消化力。

连云港是全国十大海港之一,港口现有万吨以上泊位 30 个,年吞吐量 4000 万吨以上。6.7 千米长的拦海大堤,使港口形成了 30 平方千米风平浪静的港池，可供建设上百个泊位，形成亿吨吞吐能力。连云港已成为中国重要的综合性国际贸易枢纽港，与世界上 160 多个国家和地区的近 1000 多个港口有着密切的通航关系和贸易往来，并先后开通了连云港与香港、日本和东南亚等国家和地区的近 50 条固定集装箱班轮航线。

连云港市以港口为中心的海陆空立体交通网络初步形成。民航开通了到北京、广州、上海等中国重要城市的航班。铁路客运和货运列车可直通北京、上海、南京、成都、武汉、宝鸡等大中城市，并通过京沪线、京九线、陇海线等连接中国各地。连云港是中国五大交通枢纽之一，公路对外交通已全部实现高速化，国家重点建设的同三、连霍两条高速公路在境内交汇。

连云港地处横跨我国东西的陇海—兰新铁路东端。1990 年 9 月 12

连云港码头

日，我国兰新铁路和俄罗斯上西铁路贯通，连云港又成为新亚欧大陆桥的东桥头堡。新亚欧大陆桥东起连云港，西至荷兰鹿特丹，全长10900多千米，国际直达列车只需行驶7天，为连接太平洋和大西洋，加强国际间的政治、经济、文化交流提供了便利的条件。

连云港港口北部有6千米长的连岛作天然屏障，南以云台山为依托，海峡有2千米宽，气候等自然条件优越，是一个终年不冻良港，也是我国重要的八大海港之一。

此外，连云港港口有一座钟楼临海矗立，高37米，下方上圆，上部四壁镶嵌着四只大钟，昼夜不停地用优美的音乐和清亮的钟声向人们报告着时间。这就是建于1933年的连云港火车站的钟楼，它是陇海铁路东端终点的标志。

连云港钟楼

横 滨 港 （日本）

在日本东京都南面仅仅 30 千米的横滨港，居于东京湾西北边缘，即日本本州东南部神奈川县东部沿海，是日本第二大港口。其地理优势无论在风向、风力、潮流、水深等方面，均堪称日本首位。

横滨市也是日本神奈川地区的中心，具有良好的交通线，到东京及羽田机场只需要 30 分钟的车程，而到成田国际机场则需要乘坐 84 分钟的火车专列。横滨在传统上就是一个国际化的港口，这里有很多旧的西式建筑，充满了多种文化交汇的气氛，处处洋溢着异国情调。横滨南边 15 千米处的镰仓市，是日本 1192 年镰仓幕府时代的首府，保留了相当多的历史文化瑰宝。

日本于 1859 年向国外开放贸易门户，横滨港是最早的对外开放港口之一。此后，该地区在与世界各国人民的交往中，融合了各种民族文化。今天，它已成为日本第二大规模的城市，以其极为融洽和睦的国际气氛和尖端技术产业而闻名于世。横滨市内有极具中国历史文化特色的"唐人街"——横滨中华街。有着"空中走廊"美誉的横滨港湾大桥，以及风景迷人的山下公园。

横滨港是世界亿吨大港之一，2005 年集装箱吞吐量 287 万标准箱，居世界港口排名表第 28 位。在横滨港的内港和外港均建筑有足以阻挡大风大浪和超高海潮侵袭港口码头的现代化防波堤，一向被认为是日本天然条件良好和建港水平高超的优秀港口之一。

横滨港

横滨港在二次大战后曾多次改扩建，港区水域面积 73.39 平方千米，码头岸线 40 千米，其中水深 9 米以上的超过 17 千米。临港地区总面积 28.13 平方千米，其中工业港区面积 17.08 平方千米，商业港区面积 9.83 平方千米。码头港区总共有 10 个，大中小泊位共 245 个，其中万吨级以上 120 个，最大水深 23 米，可靠 20 万吨级油轮。全年吞吐量 1.2 亿吨左右，主要出口货物为钢铁、船舶、车辆、化工产品、机械设备、罐头食品及纺织品等；主要进口货物有原油、煤、纤维制品、矿石、食品及机械等。

横滨港在本牧、大黑和南本牧港区总共有 23 个集装箱码头泊位，码头线总长达到 6040 米。本牧集装箱码头的岸边装卸桥有 25 台，大黑集装箱码头有 13 台，南本牧集装箱码头有 5 台。横滨港 23 个集装箱码头均装备有世界上一流的装卸设备和交通运输设施，可以停靠世界上最大型的集装箱船舶。

南本牧码头总面积2.169平方千米，相当一部分是采用城市建设的建筑垃圾填海造地而成。面积0.887平方千米的2座水深16米的集装箱码头MC-1和MC-2是在2001年竣工的，码头线总长700米，码头集装箱储存能力17000标准箱。设备先进的南本牧集装箱码头已经成为日本跨入21世纪的集装箱物流枢纽港，完全可以满足最近几年集装箱运量的迅速增长。南本牧第二期有4个水深16米的集装箱码头，在日本港口码头规模中名列前茅。

于20世纪60、70年代填海造地兴建而成的本牧集装箱码头，面积2.726平方千米，拥有码头泊位25个，从1996年起，转为以集装箱码头用途为主。为了满足不断增长的集装箱吞吐量需要，本牧集装箱码头B突堤和C突堤于1996年完成了第一期的集装箱码头扩建工程，又于2003年完成了第二期水深15米抗8级地震的集装箱码头扩建工程。该

横滨港全景

工程把 B 突堤和 C 突堤向海面纵深分别延伸了 600 米到 900 米，以便再增加 4 个泊位。扩建后的整个码头功能包括配送仓储业、配送中心、多功能码头和物流中心，岸边装卸桥的悬臂跨度达到 22 标准箱宽度。

占地 3.22 平方千米的大黑集装箱码头，是横滨港最大的岛屿式集装箱码头。填海造地兴建大黑集装箱码头的工程开始于 1971 年，竣工于 1990 年。大黑集装箱码头的 C1、C2、C3 和 C4 泊位属于集装箱用途泊位，可以停泊大型集装箱船舶；其它泊位为多用途。1996 年 8 月开始运行的大黑集装箱码头物流中心，进一步推动了集装箱吞吐量的增长，可以装卸包括 13.72 米在内的各种型号的集装箱。该中心面积 32 万平方米，是横滨港内设备齐全的免税区，由于地理位置优越，已经吸引了世界各国的集装箱货物承运人和托运人。在大黑集装箱码头上，配备现代化装卸和管理设施的集装箱堆场和仓库总共有 50 座，连同横滨港货运中心在内，总面积达到 320000 平方米。此外，横滨的航空货运机场就在横滨港集装箱码头附近，进出口货物的电子清关手续保证在当天办完，从而进一步方便了集装箱货物的海陆空进出口运输。

横滨港靠近东京都地区，有着得天独厚的地理位置，但高度发达的交通运输网络也是其发展的重要因素。以东京湾西部地区的横滨港为中心，向南、西、北等方向辐射出去的快速交通运输要道有东京高速道路、中央自动车道、关越自动车道、东北自动车道、常磐自动车道、东京湾环海大通道、东关东自动通道等，还有环绕东京都地区的环城首都圈中央联络自动车道和北关东自动车道。如此发达畅通的交通运输网络在全世界也是很少见的。特别是已于 2003 年竣工的 357 国道，把横滨港的三大集装箱码头（南本牧、本牧、大黑）以及山下等重要的多用途码头全部串连起来。

横滨港在 21 世纪的首要目标是提供高质量的服务，并大幅度降低港口码头的经营成本。具体目标有 4 条：一是为海内外用户提供 365 天、每天 24 小时的不间歇服务，以降低客户交付的港口码头费用；二是确保港口码头的高效经营管理和广泛采用电子信息技术，简化和加速港口物流、通关等手续；三是在充分发挥国力和行政力量的同时，积极调动民间资本的能动性，大幅度发挥民营企业的巨大作用；四是再次降低港口码头的各种费用，进一步鼓励海内外班轮公司挂靠横滨港口。同时，不断强化横滨港的国际枢纽港功能，进一步建造现代化的深水集装箱码头，完善和提升水路、铁路和公路运输的一体化并发展立体交通，持续激励横滨港在经济、文化、环境卫生、生态等方面不断提高和完善。

神户港（日本）

　　位于日本本州中部近畿地区的神户港，是日本的天然良港，也曾经是日本的第一大港。早在 1967 年，集装箱运输刚起步的时候，神户港就已经在摩耶码头第 4 突堤兴建了日本第一个真正意义上的集装箱专用泊位，并开辟了亚洲至北美的全集装箱太平洋航线。因此，神户港一直自豪地宣称，是他们代表亚洲最早迎来了划时代的海上革命，是他们最早将港口建设与城市发展融为一体的理念应用于实践，并开启了港口人工岛、六甲人工岛等大规模的填海造地运动。所以，围绕神户港的建设和发展，以及它的震前、震后，确实有太多的话题和太多的故事。应该说，神户人那种面对困难不屈不挠的精神，以及为了港口的发展所付出的艰辛，是令人敬佩和值得学习的。

　　1868 年 1 月 1 日中午，当英、美军舰的炮声回响在六甲山的山谷之中时，日本历史上被称为"务古水门"的兵库，自此便拉开了她神秘的面纱，对外开放后，1873 年改称神户港。实际上，神户港以前只是一条狭长的临海沙滩，古称"大轮田之泊"，其后方有六甲山绵延横挡，成为通向京都的天然屏障。在它的东侧，是日本著名的经济文化中心、历史名城大阪。虽说同处在一个海湾内，但命运的安排，却使神户港日后成了世界闻名的大港，而与遣唐使文化有着历史渊源的大阪港，虽与这小城市的大港为邻，却一直处于下风。这的确让大阪港总有一种难言之隐，也是大阪港与神户港历史宿怨的由来。为什么会这样呢？因为历史上大阪向来就是土地肥沃、河道纵横的鱼米之乡，物产丰富，商贾云集，为日本工商、航海、金融业的发祥之地。而神户只是个小镇，为武士和浪人的栖息之地，兵之库也，人口约2万余人，社会上以底层人士为多。大阪的后方是中部平原，一马平川。出于对京都御所安全的考虑，最后日本中央政府还是让地势险要、易守难攻的神户港先与外国通商，免得进进出出的外国船只节外生枝。就这样自明治40年开始，神户港便成了日本港口界的天之骄子，长期以来历届日本政府拨巨款全力扶持神户港，发展神户港，气派非同一般。港口建设是需要巨大投资的，而大阪港作为地方的自治体，只能凭借自身的努力和借贷。在1995年阪神大地震之后，大阪港才与神户港摆起了平起平坐的架势。客观地说，大阪港在地理位置上有它的先天不足，大阪港位于大阪湾东侧，进出港的口门向西，冬季横向吹来的西北风对入港船只的靠泊极为不利；而神户港则位于湾内的西侧，北面有六甲山阻挡了南下的寒流，

神户港

进港航道的口门由东向西，湾内风平浪静，斜对面是四国列岛。受太平洋暖流的影响，神户四季如春，与近在咫尺的大阪有着天壤之别，山这边鲜花盛开，山那边白雪皑皑。

在战后日本经济高速成长的时候，自20世纪70年代起，以举国之力兴建起来的现代化神户港口，可谓是傲立群雄，一直是亚洲乃至世界的大港之一。那时候的神户港确实很骄傲，它的领导人都是由运输省从东京直接指派过来的。航线的安排，船舶进出港、靠泊，也都是由政府直接指定的。可惜1995年1月17日的阪神大地震，在短短的几分钟内，让神户港数十年苦心经营的港口设施轰然倒地。在那漫漫的长夜里，神户港从过去的不可一世，到后来的受制于人，真可谓是不可同日而语。

自1966年开始，神户港便在大阪湾濑户海域内大规模填海造地，其中港口人工岛面积为436公顷，六甲人工岛面积为580公顷，用后方六甲山上的山石填海而成，在日本被称为是新型现代化港口城市的样板。在人工岛上，除了水深皆为－15米以上的现代化港口群及工业园区外，便是新颖美观、形式各异的市民住宅，周围绿树成荫，道路纵横、地铁、公共汽车十分方便，饭店、会议中心、科研机构、学校、医院、文化中心、购物中心等各项设施一应俱全。极目远眺，天际线十分和谐，环境整洁，风景漂亮，气候舒适、宜人。

在神户港最新的对外介绍中，可以看到它的初步计划：1．尽力保全外航基本干线，增加东南亚航线和中国航线的频度，缩短船舶在港时间，提速交货，顺畅通关，以确保港口信誉；2．加强内贸滚装船的支线运输，保证现有30条覆盖全国24个港口每月58次的往返定期班轮，增开14个港口每周70航次的往返不定期航班，集中优势，形成以神户为中心的海上集散运输网络；3．加强国际联络，争取进一步扩大全球班轮航线。

现在，在神户港的吞吐量中，出口亚洲的货物占62%，从亚洲进口的货物占49%。在出口的货类中，产业机械、电子机械、汽车零部件等占40%；进口的货类中60%以上都是原材料、食品、成衣、蔬菜、水果等。

面对以中国为首的新的经济体的崛起及全球范围内的物流重组，神户港准备以现有的物流设施、先进的管理和专门的IT技术以及历史上所积累的经验，进一步增加开放度，采取一系列的优惠措施，官民连动，以成本、服务、速度为主题，以"港都神户"为冠名，将神户港开拓成为"西日本的物流要冲"，并重新构筑人、物、信息云集且充满魅力的新的都市海岸线。

千叶港（日本）

　　千叶为千叶县首府，位于日本本州东南部，东京湾的东北隅，地处东京湾沿岸平原，都川及其支流葭川流经市区。全市面积 270 平方千米，人口 80 万。

　　千叶港是日本最大的工业港口，港口的大部分是通过人工修筑而成的。其范围以千叶市为中心，地跨千叶县的五市一町，从北向南呈弧形延伸 40 多千米。包括市川、船桥、习志野、千叶、市原和袖浦的临海地带。港区水域面积 2480 万平方米，有 300 多个泊位，其中专用泊位占 93%，公共泊位仅占 7%，共有 80 多个码头，其中水深 9 米以上的码头占 80%。在港区中，以千叶港区和船桥港区最为重要，在 32 个码头中 10 米以上深水码头有 10 个，最大的原料码头水深 18 米，可停泊 15 万吨级的专用船舶。千叶港的输入货物为工业原料和燃料，主要是石油和天然气，占输入贸易额的 80% 以上，其次为铁矿石、煤炭和木材等；输出货物以汽车为主，占输出贸易额的 50%～60%，其次是钢铁、船舶等。可见千叶港是以输入为主的工业港口，输入贸易额居全国各港首位。从 1972 年开始，千叶港货物吞吐量超过 1 亿吨，1980 年达到 1.5 亿吨，1991 年为 1.68 亿吨，超过横滨、名古屋，与神户港相仿。在进出港的商船中，外航商船占 63%，内航商船占 37%。

　　对于一个港口来说，其形成的自然条件亦是不容忽视的。千叶港属亚热带季风气候，夏季盛行东南风，冬季多为西北风。最高气温

濒临东京湾的千叶港

38.3℃，最低为−6℃，5～8月份为多雾月份。全年平均降雨量约1500毫米。属半日潮港，大潮升2米，小潮升1.5米。

千叶港的腹地，不仅输出本地的工业制品，而且为东京地区的重要输出港，东京生产的汽车主要由千叶港输出。

千叶市是以港口为依托，利用千叶港输入的原料和燃料发展重工业。其主要工业部门是钢铁工业，其次为机械工业以及石油加工、金属加工等部门。千叶市的重工业大多数分布在沿海地区。1950年川崎钢铁公司在千叶市南部沿海地区大规模填海造陆，1951年建立千叶钢铁厂，这是日本在填海造陆上建成的第一座现代化大型钢铁联合企业。之后，炼油、石油化学、金属加工和机械制造等部门纷纷在东京湾东岸填海造陆，建设工厂；以千叶市为中心，形成了京叶（东京——千叶）临海工业地带。京叶临海工业地带在长60多千米，宽3～5千米的弧形带状地区内，分布着900多家大型企业和1000多家中小型企业，并成为千叶港重要的腹地。

千叶在日本江户时代已经成为周围地区的物资集散中心，并逐渐发展了比较繁荣的商业，1873年成为千叶县县厅所在地。1894年总武铁路（东京——铫子）修通，加快了千叶发展的有利条件。1921年京城电器化铁路从船桥延伸到千叶，更密切了与首都的联系，并施行了市制。该时人口3.4万，面积15平方千米。后来城市面积和人口规模进一步扩大，1942年人口已达10万。1945年7月千叶市遭到严重空袭，城市建筑的70%被毁，整个城市几乎成为一片废墟。第二次世界大战后，经过恢复和发展，特别是50年代初，以建设千叶钢铁厂为契机，掀起了填海造陆兴建大型重工企业的热潮。千叶市有利的地理位置和较优越的自然条件吸引了许多大企业前来选址建厂，从而带动了千叶经济的发展。随着千叶临海工业的发展，千叶港逐步扩大，地位越来越重要，以各大企业的专用码头为主体，形成庞大的工业港区。千叶在1953年定为地方港口，1954年正式辟为对外贸易港，1957年定为全国的重要港口，1965年又指定为全国特别重要港口，成为全国17个特别重要港口之一。1968年京叶港合并后，港区又扩大，吞吐量仅次于神户港，居日本第二位。

现在千叶市沿海填海造陆面积已达约4000公顷，占整个城市建成区面积的30%多，集中了全市1/4以上的人口。昔日的自然海岸如今变成了平直的人工海岸，改变了原来的自然环境和生态系统，造成了临海地区大气和水质及环境的污染等公害问题。为了解决这些问题，千叶市已制定有关法令限制沿海地区工业扩大发展，而鼓励在内陆地区发展原材料加工及装配类型的工业。与此同时也加强了千叶港的规划和整治。千叶港作为首都圈物资流通基地，已经纳入首都圈整治计划，以东京湾为整体进行整治，一方面把港湾整治与陆上交通网整治联系在一起；另一方面发挥东京湾内东京、横滨、川崎、千叶、木更津和横须贺等六大海港的整体效益，按照统一规划将这六大海港建成各具特色的港湾。1983年千叶港制定了扩建计划，在扩建和改造原有工业专用码头的基础上，重点建设千叶和船桥两个港区的公共码头，扩大商港机能。千叶港除继续保持工业港口的性质外，商港机能将进一步增加，在首都圈的对外贸易中发挥更大的作用，成为东京湾乃至全国的最重要港口之一。

本篇简介 **B**enpian **J**ianjie　名古屋是日本的第四大城市，而其港口是日本的第三大贸易港。它也是日本中部的政治、经济、文化和交通中心。

名古屋港（日本）

　　名古屋位于日本本州岛中南部，伊势湾东北岸的浓尾平原上，是爱知县首府。它是仅次于东京、大阪、横滨的日本第四大城市，而其港口是日本第三大贸易港。因介于首都东京和古都京都之间，故有"中京"之称。它是中部日本的政治、经济、文化和交通中心，也是日本著名的四大工业区之一，面积 328 平方千米。

　　名古屋港包括名古屋市、东海市、知多市以及富镇、飞岛村的临海地带的广大水域 8000 万平方米和陆地面积 4000 万平方米，是一个工业港兼商业港的综合港口。在自然环境方面，名古屋港是处于日本列岛、太平洋沿岸的中部，伊势湾的北端，名古屋的南部，被浓尾、三河、伊势三大平原所环抱。从港的东部向南有知多半岛成为其天然的防波堤，此外还有西部木材港防波堤、稻永前防波堤等总长 1219 米。由于有防波堤，防止了海浪和潮流的冲击，使港内风平浪静。可以这样说，名古屋港是一个得天独厚的优良深水港口。

　　名古屋港泊地面积 2998.1 万平方米，水深可达 12 米，可供 284 艘不同类型的船只同时停靠，如加上浮筒泊位，则可同时停靠 310 艘。根据不同的货物设有专用码头，设备完善，装卸效率高。港内建有各种营业用仓库 122 万多平方米，自家用仓库 46 万平方米，以及备有大面积的贮煤场、贮木场、贮油场等。在名古屋各码头中以地处港区中央的金城码头规模最大，面积为 191 万平方米，是以外贸为主的码头。它是一个填海造地的人工岛，水深 10.5～12.0 米，可同时停靠 35 只大型船。
为了每年在名古屋港进口大量原油，建立了超级油轮海上泊地栈桥，长
500 米，宽 80 米，可停靠 25 万载重吨大型油轮。名古屋港输入物资主
要有原油、铁矿石、煤炭、粮食、原木等；输出货物大部分为运输机
械、钢铁、陶瓷制品、橡胶和化工产品等，其中汽车占 70% 以上。输
入物资的主要贸易国家有美国、澳大利亚、印度尼西亚、阿拉伯联合酋
长国、沙特阿拉伯、加拿大、巴西、印度、马来西亚、卡塔尔等；输出
物资的主要贸易国家有美国、沙特阿拉伯、澳大利亚、德国、加拿大、
荷兰、英国、法国、中国、新加坡等。定期航线有 40 多条，年吞吐量
1.25 亿吨以上。

名古屋港位于中京工业区（指伊势湾沿岸及附近内陆一带工业区）
的核心。南部临海地区是以大工场为主的重化学工业，北部是以中小企

名古屋港

业为主的轻工业区，中间地带是有地方特色的工业。中京工业区工业发展的特点是：重工业、轻工业均有发展；地方性工业与近代工业并存发展，例如木材加工、毛纺、陶瓷器工业居全国首位；汽车工业、钢铁工业、金属加工、精密仪器、化学工业等都很发达。其中丰田汽车公司是中京工业地带的重要组成部分，过去生产卡车，现在以生产轿车为主，年生产量 400 多万辆，占日本汽车总产量的三分之一和世界产量的8.6％。其中有半数通过名古屋港输往国外。名古屋对外交通除航海外，陆路、空运也很方便。因此，它是海、陆、空交通运输的枢纽。市内有许多铁路干线、公路干线通过，东海道本线（东京——名古屋——神户）、关西本线（名古屋——大阪）、中央本线（东京——名古屋）等铁路干线都经过这里，又是新干线的停车站。此外还有地下铁道及中川、掘川、新堀川等运河与港口相通。

　　名古屋在 1889 年设市。名古屋港的发源地位于现在的热田神宫以南，热田的海边处，当时叫做热田港。1907 年热田港开港，同时改名为名古屋港。此时东海道、关西和中央本线相继通车，中外联系加强，促进了名古屋城市的发展。19 世纪 80 年代前后，纺织工业的兴起及1912 年以后机械工业的迅速发展，使名古屋迅速向现代化城市迈进，成为中京工业地带的核心。第二次世界大战使名古屋遭到严重破坏，经过恢复和发展现在已成为综合发展的工业城市。港口建设规模在日本名列前茅，其吸引范围扩展到了中京圈以外的地区，使名古屋港成为中京经济圈的海上门户。

新加坡港（新加坡）

　　新加坡位于亚洲东南部，马来半岛南面，太平洋与印度洋之间的航运要道马六甲海峡的东口；北面与马来半岛隔着仅 1.2 千米的柔佛海峡相邻，南隔新加坡海峡与印度尼西亚相望，处于两大洋与两大陆之间交通的咽喉，有"东方十字路口"之称。新加坡是国名，又是城市名和岛名。其国土由新加坡岛和 54 个小岛组成，总面积 632 平方千米。新加坡岛呈菱形，其面积约占全国总面积的 91%；东西长 41.8 千米，南北宽 22.9 千米，海岸线长 193.7 千米。新加坡港有 6 个港区、60 多个泊位；除北岸有森巴旺港区外，均分布在南岸，即裕廊港区、巴西班让港区、岌巴港区和东礁湖港区等；水深 8～11 米，无冻冰期，南面有布拉尼岛和布拉刚马蒂岛作屏障，挡住西南季风，岛内风平浪静，各种类型的轮船终年可畅行无阻，是世界上最优良的天然良港之一。港口有堆场面积 150 万平方米，仓库 56 万平方米。年进出船只约 4 万艘，货物吞吐量 1.88 亿吨。进出港的船舶在 1982 年按总注册吨位计，已超过鹿特丹居世界最前列。现已成为亚太地区航运中心，是亚太地区最大的转口港、国际自由港和集装箱大港。2005 年吞吐量达 23190000 个标准箱，比上年增长 8.7%，世界排名第一位。2008 年全年集装箱总吞吐量升至 2900 万标准箱，虽然未能破 3000 万箱的大关，但仍以总量计稳居全球第一位。

　　新加坡自古就是商船来往停泊之地。16 世纪，欧洲殖民者相继侵

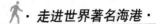

新加坡港

入东南亚。1819 年英国占领新加坡并辟其为自由港。1869 年苏伊士运河开通，缩短了新加坡与欧洲的航程，船只往来增多，使新加坡发展成为东南亚的商贸中心和世界转口大港。第二次世界大战时期，新加坡一度被日本占领。1959 年在英联邦范围内组成新加坡自治邦，1963 年参加马来西亚联邦。1965 年新加坡共和国建立。之后，新加坡开始全面发展。它主要利用岛国地理位置和港口优势，以航运的优势发展外向型经济；资金、原料以及技术都来自国外，市场也主要依赖国外，使经济迅速发展起来。随着国际形势的变化，新加坡抓住时机，不断调整产业结构。例如 20 世纪 50 年代，东南亚各国忙于医治战争创伤，有许多港口陷于半瘫痪状态，而新加坡加快修复港口码头。与此同时，发展海运及农产品初加工与日用品工业，扩大转口贸易。自 20 世纪 60 年代以来，新加坡经济发展异常迅猛，人均国民生产总值增长在发展中国家领先，被誉为"亚洲四小龙"之一。现在，海运、贸易、加工和旅游业是新加坡主要的经济支柱。在工业生产中以炼油、造船、石油化工、钻井平台和电子仪器为主，并利用炼油厂的中间产品为原料，生产塑料、橡胶、化纤和肥料等。炼油是新加坡最大和最现代化的工业部门，是仅次于休斯敦、鹿特丹的世界第三炼油中心。炼油用的原油是从中东、印尼、马来西亚进口，加工为成品油，除供应过往船只外，向日本、美国、澳

新加坡造船厂

大利亚和东盟等各国出口。造船业方面，主要造1500～4000吨的中型船。现在新加坡已成为苏伊士运河以东、日本以西最大的修船、造船基地。新加坡工业利用其海港的优势，原以转口贸易为主，近年来制造业、金融业和旅游业也迅猛发展。除转口贸易外，本国产品出口量也日益增加，形成了一个以制造业为中心的多元化经济的海岛城市国家。

新加坡是全球最大的海洋转口运输中心之一，拥有完整的港口及海事服务，全球范围的海港网络以及全面的物流服务方案，也是亚太地区的邮轮中心。迄今至少有250家船公司，将新加坡与全世界123个国家和地区的600多个港口相连。每天都有船只从新加坡开往世界各个主要港口。

孟买港（印度）

孟买是印度最大海港和第二大工商业城市，也是马哈拉施特拉邦首府。它位于印度半岛西岸中部，临阿拉伯海。在印度西海岸上，北部泥沙淤塞，南部高山逼岸，唯独孟买具有发展港口的良好条件。孟买并不是在大陆上，而是在离岸16千米的岛屿，由孟买等数岛组成，有堤道、桥梁相连，并与大陆相接，称大孟买。其面积603平方千米，人口1100万。这个地区在地质上是大陆高原断陷分割出去的一块陆地，因岸陡港深，是个天然良港。港口位于孟买岛东岸，港口海岸线长20千米，42个泊位，能停2～3万吨轮船，年吞吐量2000万吨。印度有80多个国际港口，但总吞吐量仅7000万吨左右，海运量较小。孟买是印度最大的港口，担负全国进出口贸易总额的半数。其出口货物主要有棉花、棉织品、小麦、花生、黄麻、皮革、锰矿石、石油制品、蔗糖和香料等；进口货物主要有工业设备、建筑材料、钢材和粮食等。孟买的陆路、水路都比较方便，有多条航线通往世界各大城市；在国内有豪拉——孟买线、孟买——马德拉斯线、德里——孟买线、加尔各答——孟买线等多条铁路干线和多条公路干线通往内陆各地。

孟买的工业发达，是全国经济中心之一，全市工厂数约占全国总工厂数的15％。其中纺织最为著名，其纺织厂数占全国纺织厂总数的40％，纱锭和纺织机占全国总数的30％。孟买每年生产的棉布、棉纱行销于国内外，在东南亚市场享有盛誉。孟买是世界上最大的纺织品出口港，有"棉花港"之称。除棉纺外，还有麻纺、毛纺、化纤、混纺和

孟买港码头

纺织机械等行业，已形成完整的纺织工业体系。此外有机械、汽车、石化、造船、化肥等工业部门。

孟买是个古老城市。14世纪以前，这里是土著科利人居住的小渔村。1534年被葡萄牙人侵占，因这里景色优美，被葡萄牙人称为"美丽的海湾"，孟买因此而得名。1664年孟买又成为葡萄牙公主卡瑟琳嫁给英国国王查理二世的一份嫁妆转让给英国，从此孟买成为英国殖民者统治印度的一个重要据点。1838年，孟买与信德间开辟了航线，后又修筑了沟通印度内陆与沿海各城市的铁路干线，促进了孟买的发展与建设。1849年英国占领全印度，将孟买作为马哈拉施特邦的首府。随着鸦片和棉花的种植以及1869年苏伊士运河的通航，孟买的地位日益重要，成为向中国倾销鸦片的装运港。经过不断的疏浚和填海，孟买成为半岛，并筑有桥梁和长堤与印度次大陆相连。现今孟买已成为驰名世界的纺织工业城市和南亚最大的港口。

加尔各答港 （印度）

　　加尔各答是印度最大的城市，位于印度东北部恒河三角洲胡格里河左岸，濒临孟加拉湾的北侧，是印度东部的最大港口。大都市面积为1300平方公里，在纬度较低的印度热带地区，气候终年炎热，年降雨量1000多毫米。一年四季绿树葱茏，鲜花盛开。

　　加尔各答因主要出口黄麻，故又有"黄麻港"之称。它不仅是印度的第一大城市，也是印度经济、交通和文化的中心之一，还是黄麻工业中心，主要工业还有纺织、钢铁、机械、化学、造纸、皮革、印刷及陶瓷等。此外，加尔各答是内陆国家尼泊尔、不丹和锡金的出海口。港口距国际机场约22千米。

　　该港属热带季风气候，盛行南西南风。年平均气温15℃～30℃，5～9月会受到热带风暴及气旋的袭击。全年平均降雨量约2600毫米，5～10月为雨季，雨量占全年的90％。属半日潮港。平均潮高：大潮为4.9米，小潮为1.6米。

　　港内装卸设备有各种岸吊、抓斗吊、重吊、集装箱吊、装船机及拖船等，其中，重吊最大起重能力达200吨，拖船功率最大为1618千瓦，还有直径为150～304.8毫米的输油管。码头最大可停靠8万载重吨的船舶，有铁路线可直通码头。装卸效率：煤炭每小时1500吨，原油平均每小时600吨，矿石每小时装3000吨。集装箱码头有堆场面积达1.6万平方米，可同时堆放1000标准箱，并配有高速装卸集装箱吊。1992年集装箱吞吐量达8

万标准箱。主要出口货物除黄麻之外，还有煤、矿石、茶叶、废钢、皮张、棉花及糖等；进口货物主要有石油、盐、面粉、水泥、钢铁、谷物、橡胶、机械、化工品、木材及烟草等。

加尔各答市从出现和繁荣直到今天，只有200～300年的历史，但这里古老的印度文明、众多的文物古迹、奇特的宗教习俗、独特的民间艺术等深深地吸引着世界各地的游客。

加尔各答风光

瓜德尔港（巴基斯坦）

　　瓜德尔，古称"巴尔纳"，是巴基斯坦俾路支省西南端港口。它位于马克兰海岸西部半岛山冈上，濒临阿拉伯海；居民有波斯人、犹太人和马来人，是巴基斯坦重要的贸易中心，附近多为渔村；出口咸鱼、羊

瓜德尔港

毛、牛油、椰枣等。

2004 年，由中国援建的巴基斯坦瓜德尔深水港项目一期主体工程竣工。按照巴基斯坦政府规划，瓜德尔深水港项目分成两个阶段完成：一期工程主要是港口基础设施建设，包括 3 个多功能码头和总长 4.35 公里的进港航道等；二期工程是配套设施建设和泊位升级，建了 10 个泊位，包括 3 个专用集装箱泊位、1 个 10 万吨的散装泊位、2 个 20 万吨的油轮泊位。

瓜德尔港建成后，不仅带动了贫困落后的俾路支省乃至整个巴基斯坦的经济发展，还是阿富汗等中亚内陆国家最近的出海口，并成为这些地区转载、仓储、运输的海上中转站。

亚丁港（也门）

　　亚丁是也门民主人民共和国最大的城市和重要的转口港。它位于阿拉伯半岛西南端、亚丁湾北岸，西距曼德海峡 160 千米，是红海通往印度洋的要冲，也是欧、亚、非三洲之间的海上航运中心，还是阿拉伯半岛的重要出海口，战略地位重要。亚丁面积 194 平方千米，人口约 40 万。

繁忙的亚丁港

早在古罗马时代，亚丁是一个要塞，后来发展成为阿拉伯最古老的商业中心之一。它是古老东西方贸易重要的中途站，印度洋、红海、地中海的重要转运站和物资集散地。1839年亚丁被英国占领，成为英国向东方侵略的重要据点。苏伊士运河开通后，亚丁地位更加重要，经济更加繁荣；1850～1970年曾为自由港。1967年也门人民共和国独立，将亚丁定为首都。1990年5月22日南、北也门合并，定都萨那。

亚丁港区处于亚丁半岛和小亚丁半岛的两个小岛之间。水面开阔，水深9～12米，风平浪静。有27个深水泊位可供万吨巨轮停泊。小亚丁港位于亚丁半岛西侧，1901年建港并在此建立了炼油厂，从而使小亚丁成为世界上闻名的加油港和供水港。港区有4个专用泊位，可供7万吨级的油轮停泊。港内还设有供驳船使用的码头。进口货物有粮食、糖、运输工具、机械设备、轻工产品、建材等；出口货物主要是石油、盐、咖啡、棉花、纸张、鱼虾等。亚丁是全国交通中心，有公路通往全国主要城市，北经拉赫季至塔伊兹，东北经拜汉至哈德拉毛西北部，向东沿海岸经赫瓦尔到木卡拉等城镇。亚丁港口距国际机场约9千米，并有定期航班飞往世界各地。亚丁的工业有为海运服务的修船业、过境石油的炼油业以及纺织、皮革加工、晒盐等。

亚丁气候炎热，最高气温达43.5℃，年降水量50毫米，但因受海洋的影响，相对湿度达60～80％，气候并不干燥。由于雨水稀少，供居民饮用和过境船舶的加水，均来自图班河谷拉赫季附近地区的地下水。由于亚丁被海水包围，景色秀丽，有"海上都市"之称，也是旅游和休养之地。

荷台达港 （也门）

荷台达港属于海湾港。它位于也门西海岸中部凯瑟布湾内，在红海出口处，也是也门主要港口之一，有重要的战略地位；东距首都萨那约155千米，有公路所通。

该港属热带沙漠气候，盛行西南风。年平均气温 19℃～40℃。8～9月份常出现强风及沙暴。全年平均降雨量达 100 毫米。平均潮高：高潮为 1.4 米，低潮为 0.9 米。

该港装卸设备有各种岸吊、可移式吊、浮吊、集装箱吊、叉车、牵引车、拖船及滚装设施等，其中集装箱吊最大起重能力为 30 吨，浮吊最大起重能力为 75 吨，拖船功率最大 1323 千瓦。集装箱码头可泊 2.2 万载重吨的船舶，装卸效率每小时为 40 标准箱。港区内可停泊 1.5 万载重吨的油船。堆场面积达 8 万平方米，谷仓容量 2 万吨，油库容量达 1.6 万立方米。出口货物主要为鱼翅、咖啡、皮革、毛皮、芝麻油、葡萄干、杏仁、胡桃、麻袋及烟草等；进口货物主要有布匹、面粉、大米、谷物、石油、燃油、木材、五金器材、建材及机械等。

本篇简介 **B**enpian **B**jianjie 科伦坡是斯里兰卡首都，也是全国政治、经济、文化和交通中心，还是斯里兰卡最大的港口。

科伦坡港（斯里兰卡）

　　科伦坡是斯里兰卡古老城市之一，也是古代印度、波斯、阿拉伯与东南亚贸易的重要中心。其港口的形成已有悠久的历史。它原是一个小村庄，叫"凯拉尼托塔"，即凯拉尼河渡口之意。公元8世纪这里就已成为阿拉伯商人的商贸重镇，13世纪已发展成为城市，为岛上人口与财富的集中地，被称为"卡拉巴"，即"港"之意。14世纪初，中国商人称它为"高兰普"，之后阿拉伯商人又称它为"卡拉博"。16～18世纪，葡萄牙殖民主义者在这里实行殖民统治。17世纪后，科伦坡逐渐成为全国的主要港口和对外贸易中心。19世纪，苏伊士运河开通后，英国殖民主义者为扩大殖民市场，在城西南、东北、西北修筑三道防波堤，使科伦坡成为世界上最大的人工港之一。

　　科伦坡是斯里兰卡首都，也是全国政治、经济、文化和交通中心，还是斯里兰卡最大的港口，面积为37平方千米，人口70万。科伦坡位于凯拉尼河口的南岸，面临印度洋，处于欧、亚、非地区与大洋洲海洋航运的必经之路上，故有"亚洲门户"和"东方十字路口"之称。

　　科伦坡港港区面积2.4平方千米，港区水深9～11米，拥有现代化码头、仓库和油库，并建有安全卸货的油船坞，有现代化泊位15个，可同时停5万吨巨轮40艘，可终年通航。港外有三条防波堤伸向大洋，有2个出入口，一个宽244米、深11米；一个宽214米、深9米。港内每年停靠船只2500艘，年吞吐量约500万吨。另外有两个浅水停泊

科伦坡港

处，供国内小轮船使用。

　　科伦坡出口货物主要是茶叶、橡胶和椰制品等；进口物资主要是大米、石油、工业品等。斯里兰卡是印度洋上的热带岛国，大部分地区属热带季风气候，非常适宜茶叶、橡胶和椰子三大经济作物的生长，这三种作物占全国耕地面积的 60％以上，出口值占出口总值的 45％左右，是国家经济的支柱。科伦坡是世界最大红茶输出港，年输出量 20 万吨左右，出口红茶的收入占全国整个外汇收入的 50％以上。其工业主要有纺织、炼油、化肥、机械、炼钢等现代化工厂，另外食品、饮料、烟草等工业均集中于此。科伦坡现已成为全国的工业中心，物资交流和旅游活动可通过铁路与全国各省相联系，公路四通八达可通岛上各地，并有卡图纳克国际机场和拉马特拉纳机场通往国内和世界的主要城市。科伦坡城的整个布局以港区为中心，港区码头位于市区北面，港区西南是繁荣的商业区，港区东南即城堡区的东邻为旧城区，店铺栉比鳞次，保持着东方集市的特色。

埃拉特港（以色列）

埃拉特是以色列南部港口城市，建在阿拉伯谷地南端、亚喀巴湾北端属于巴勒斯坦的长仅 11 千米的狭窄低平海岸上，市区已向北沿阿拉伯谷地伸展。阿拉伯谷地中的提姆纳铜矿属该市经济的一部分。海滩、珊瑚礁与附近埃拉特山景色优美，是其旅游业发展的主要条件。

埃拉特港属海湾港、自由港，位于北纬 29°32′，东经 34°57′，地处以色列南部沿海的亚喀巴湾顶端的西岸，东南距喀巴港约 3 海里，西距埃及边界约 3.5 海里，是以色列的主要港口之一；附近有炼油厂，并有油管分别通往地

埃拉特港

中海岸的阿什凯隆和海法港。港口距机场约3千米。

该港属热带地中海式气候，盛行东—东北风。年平均气温为19℃～39℃，最高曾达47℃，最低为3℃。全年平均降雨量约30毫米，其中以12月至次年3月为多。平均潮高：高潮为0.8米，低潮为0.2米。

埃拉特风光

海法港（以色列）

海法港属于湾颈港、自由港、基本港。其主要航线是地中海北岸和中东。

海法港位于以色列西部沿海北端海法湾南岸进口处，濒临地中海的东侧，是以色列的最大港口。它是以色列北部的交通和工业中心，地中海沿岸的铁路枢纽，与特拉维夫——雅法、耶路撒冷之间均有高速公路相连。港口距国际机场约94千米。主要工业有炼油、造船、汽车装配、军火、化肥、橡胶制品、塑料、电缆、建材、水泥、纺织及食品等。

该港属亚热带地中海式气候，盛行西－西北风。年平均气温10℃～31℃，最高曾达44℃，最低为3℃。全年平均降雨量约600毫米，集中在12～2月雨量最多。平均潮高：高潮为0.6米，低潮为0.1米。

本港有2个防波堤围护，港区水域面积达255万平方米。港区主要码头泊位有15个，岸线长3735米，最大水深达14米。装卸设备有各种岸吊、可移式吊、抓斗吊、浮吊、集装箱吊、卸粮机及拖船等，其中浮吊最大起重能力达100吨，拖船最大功率为1118千瓦，还有直径为304.8～812.8毫米的输油管供装卸使用。集装箱码头最大可靠3.5万载重吨的船舶，装卸效率每小时达22箱。海上泊位水深17.6米，装卸速率为每小时2000吨。港区的输油管道可直通亚喀巴湾的埃拉特港。大船锚地水深达20米。1992年集装箱吞吐量达38.6万标准箱。主要进口货物有谷物、油籽、食品、矿砂、木材、化学品、煤炭、生橡胶、

海法港

石油及纸浆等；出口货物主要有水泥、汽车、胶合板、轮胎、玻璃、磷化物、柑橘、钾盐及杂货等。

　　海法港为以色列商港，北距贝鲁特港 74 海里，西北距累梅索斯港 147 海里，南至阿什杜德港 67 海里，至塞得港 163 海里。港口由新、老港区组成。老港区在东部海湾东南角，即基肖河港区，凹入内陆，外有短防波堤保护，内有一条小河由此出海。港区有内港即基肖港池和外港池东岸即自由港区，西岸是滚装船码头，沿边水深 8.5 米，货物码头和化工码头等码头线总长 985 米。新港区位于海湾西南岸，向西北岸推进，由西部陆岸向东伸展的防波堤保护。港内基本上是顺岸码头，仅中部有 2 条突堤北伸，其东还有一条短防波堤向北伸展，与西防波堤合抱形成西港区。西港区有顺岸码头总长 1520 米，其中 1240 米的沿边水深为 8.6～11.0 米，用于装载集装箱（有 2 个泊位）、杂货、谷物、旅客等。西港区东部的石油突堤码头线长350米，水深10米（港湾内还有3个海上油泊，水深15.8～17.7米）；货物突堤的2个泊位分别长205米和107米，水深6.8米。西港区与东部老港之间的中港区，是20世纪80年代新建的港区，有3个集装箱和滚装船泊位，码头线总长600米，其中集装箱码头420米，水深12～13米。码头上配有2台35吨装卸桥，准备再增加2台。码头面积0.3平方千米，为以色列第一吞吐港。

纽约港（美国）

　　纽约位于美国东北部大西洋岸哈得孙河注入大西洋的河口处。它是美国第一大城市和最大海港，也是美国最大的金融、商业、贸易和文化中心，也是联合国总部所在地。纽约市区面积 945 平方千米，由曼哈顿、布郎克斯、布鲁克林、昆斯和里士满 5 个区组成，人口 760 多万。大纽约市区范围包括邻接 3 个州（纽约州、新泽西州、康涅狄格州）的 26 个县，面积 32400 余平方千米，人口 1600 多万，是全国人口密度最大的地区。

　　纽约港区岸线总长 1200 多千米，主要由哈得孙河下游、长岛海峡和斯塔滕岛西面水域组成。该港属温带大陆性气候，7 月平均气温 25℃，最高曾达 38℃；1 月平均气温为 0℃，最低 -7℃。全年平均降雨量约 1000 毫米。港口隐蔽，潮差小，冬季不冻，但早、晚时有浓雾。航道水深一般 15～20 米，有的主航道达 25 米，20 万吨的巨轮可以自由出入。港口有泊位 400 多个，其中深水泊位 150 多个；有航线 200 多条，通往世界各地，每天接纳来自世界各地 80 多艘海轮。港口拥有现代化装卸设备和干船坞及库藏设施，1980 年货物吞吐量曾达 1.6 亿多吨，近年来为 1 亿多吨，其中有 1/5 为集装箱运输。按照货物种类、岸线码头特征，纽约港区码头可分为三种类型：

　　1. 工业码头。主要分布在新泽西州，即哈得孙河的西岸与上纽约湾的西岸，其次分布在布鲁克林区的西南岸和东河的东岸。为大型海运码头与集装箱码头，以装卸原材料与工业产品货物为主。1985 年集装箱运输量为 206.5 万标准箱，占世界第一位。

2. 杂货与散装码头。主要分布在哈得孙河的东岸，靠近曼哈顿岛的商业区与生活区，其次在曼哈顿岛北部，东河的北岸靠近布朗克斯区。

3. 客运码头与旅游岸线。主要集中在曼哈顿岛闹市区附近及曼哈顿岛南端和东河西岸联合国大厦附近，以及哈得孙河的华盛顿大桥附近等都属于旅游区。

纽约港是世界上天然深水港之一，有两条主要航道：一条是哈得孙河口外面的恩布娄斯航道，长 16 千米，宽 610 米，维护深度 13.72 米，由南方或东方进港的船舶经这条航道进入纽约湾驶往各个港区；另一条是长岛海峡和东河，由北方进港的船舶经过这条航道。哈得孙河入海口的狭水道水深 30 多米，东河水道大部分河段水深在 18 米以上，最深处近 33 米。港内淤积量小。

纽约港每天接纳来自世界各国的货物，通过河运、铁路、公路和航

纽约港

空运往各地。纽约港有 200 多条水运航线、14 条铁路运输线、380 千米地下铁道及稠密的公路网和 3 个现代化空港。在大市区各岛之间，筑有多座桥梁和多条河底隧道相连接。从纽约去五大湖地区有全年通航的水道，沟通美国中西部与大西洋沿岸的经济联系，并与沿海运输连接，使纽约成为对内对外贸易的重要枢纽。由于交通的便利，纽约港的腹地几乎遍及半个美国。例如从西欧各国运往美国内地的工业产品、日用百货和来自东方的各种货物，都是通过纽约港向美国中西部和中南部各州转运。另一方面，美国各地的农产品、矿产品及一部分工业品也是从纽约港转运到世界各地。仅港区的专用线有上百条，从工业区到码头，从商业区到作业区，每天有 300 多对列车通往港区，迅速疏运进出口物资。从纽约港进口货物主要有原料、石油、食品、工业品、木材、橡胶、纺织品、水果等；出口货物主要是机械设备、汽车、电子产品、农产品等。

纽约港最早的居民点是在曼哈顿岛的南端，原为印第安人居住地。1492 年哥伦布发现美洲大陆之后，西欧各国殖民者接踵而来。1609 年，英国人亨利·哈得孙驾驶帆船，沿河上溯，将这条河流命名为"哈得孙河"，并探明了认为这里到欧洲的航线最近，地理位置优越，是发展通商贸易最有利的地方。1626 年，荷兰人用仅仅相当于 24 美元的一些珠宝首饰，从印第安人手中买下曼哈顿岛（印第安语"曼哈顿"是"我们受骗了"）。尔后，荷兰人便在这里建筑城堡、教堂、交易市场和手工业作坊，在哈得孙河口修建了许多简易码头，欧洲各地的商人也陆续到此地经商贸易。这便是纽约的前身。当时荷兰人以荷兰首都阿姆斯特丹的名字，把它命名为"新阿姆斯特丹"。1664 年，英国殖民者赶走了荷兰人，占领了这个小镇，改名为纽约。"纽"是英语"新"，"约"就是"约克城"，纽约之意就是"新约克城"。改称纽约后，城市范围扩大，港口贸易不断发展。

纽约是沿着曼哈顿、斯塔滕和长岛以及附近的大陆沿岸建设的。便利的水上交通与广大的经济腹地相联系，为港口的发展提供了良好条件。特别是修通了联系哈得孙河和五大湖区的伊利运河，把中西部和大西洋沿岸的经济联系起来，这样就可把中央低地的大量农牧产品和矿产品通过伊利运河运往纽约；同时也加强了美国与西欧各国的贸易往来。进一步促进了纽约港的发展。19世纪初，世界贸易开始扩大，西欧沿海国家和美国交往增多，海运事业的发展促进纽约港沿着哈得孙河口与上纽约湾不断发展和扩大，并且建立了好多造船工厂。港区建设与造船业的发展又促进了美国海运事业的发展。

美国独立战争期间，纽约遭到严重破坏。战后经过修复，定为美国的临时首都，从而成了美国政治和经济的中心。目前纽约是仅次于芝加哥和洛杉矶的全国第三大工业中心，是美国最大的工商业城市，也是世界上最重要的金融中心之一。市区范围不断地沿着海岸线向东（长岛）、向西（新泽西）、向南（港湾区）、向北（哈得孙河与东河）延伸。纽约港的发展趋势是建设大型化的深水泊位与集装箱码头，克服部分港口作业区货物压港与海洋污染问题。

纽约港码头

| 本篇简介 | 休斯敦港是美国最大的石油和小麦输出港，也是美国第一家、世界首批通过 ISO 国际环境质量标准的"绿色"港口。 |

休斯敦港（美国）

　　休斯敦是美国南部最大的城市、全国最大的石油工业中心和第三大港，也是得克萨斯州首府。休斯敦港位于美国南部墨西哥湾沿岸，通过长 40 千米的休斯敦通海运河与墨西哥湾相连。市区面积 1440 平方千米，人口 180 多万。大市区包括哈里斯等 6 县和附近中小城镇，面积 16278 平方千米，人口 360 万。休斯敦港系人工港，通海运河宽 90 米以上，深 11 米，每年约有 5000 艘远洋货轮由此出入，120 多条航线与世界上 250 个港口直接往来；年货物吞吐量超过 2 亿吨，是仅次于纽约和新奥尔良港的美国的第三大港，也是美国最大的石油和小麦输出港。从休斯敦到墨西哥海湾长达 80 千米的休斯敦运河上，白天海轮长驱直入，汽笛长鸣，入夜后各巨轮上灯火通明，十分壮观，因此休斯敦港被誉为墨西哥湾上的一颗明珠。休斯敦成为美国南部最大的一个贸易港口和国际金融中心，进出口总额居全国第三位。此外，休斯敦港已率先通过 ISO 国际环境质量标准，成为美国第一家和世界首批的"绿色"港口。

　　休斯敦是美国西南部的陆上交通中心，有多条铁路干线和众多公路线呈辐射状通向国内各地。便利的交通对保证物资迅速运输、密切区内外经济联系起着重要作用。

　　休斯敦始建于 1836 年，早期为农畜产品集散地。后来随着铁路的兴建，特别是 20 世纪初，对附近石油资源的开发以及通海运河的开凿，城市迅速兴起，以石油业为主体的工业体系逐步形成。第二次世界大战后发展很快，现在它占有全国炼油量的1/3、人造橡胶的1/2以上和乙烯的2/3，炼油和石油化学工业发达，是美国最大的炼油中心，有"世界石油之都"的称号。城市周围井架林立，油管纵横，原油通过管道输往加利福尼亚、东北部和五大湖工业区。除石油工业外，其他工业部门主要是为与石油工业配套的钢铁、机械、钢管、采油设备和油轮制造；此外，还有化学、棉纺织、碾米和肉类加工等。上述工厂主要分布在通海运河两侧。

休斯敦港

在休斯敦设有美国各大石油公司或分公司。目前，休斯敦已形成国际金融中心之一，成为一座国际性的城市。

休斯敦港的繁荣之所以经久不衰是有原因的。打开美国地图一看就会明白，休斯敦港恰巧位于墨西哥湾沿海的中央，优越的地理位置，使它很快成为了美国西部和中西部地区货物进出口的门户和目的港。第二个优厚的自然条件是，由于常年受墨西哥湾季风的影响，休斯敦地区的天气非常优良，气候温和，雨量适中，除偶尔有热带风暴经过外，很少遭遇破坏性很强的飓风袭击。

总之，城市的发展带动了休斯敦港口的发展，而港口的繁荣又为城市提供了良好的条件。

费城港（美国）

费城是美国的古都，也是第五大都市。然而随着岁月的流逝与工业的发展，费城所拥有的重要性已逐渐褪色，而在 18 世纪中叶，它是美国民主的诞生地，也是美国的第二个首都。美国独立史上的重大事件很多都在此地发生。城市邻近宾夕法尼亚煤田，背靠阿巴拉契亚山麓台地，沿两河之间的狭长半岛伸展，地势平坦，平均海拔 30 米；经特拉华河和运河通往大西洋。斯库尔基尔河及其支流流经山麓台地"瀑布线"，水力资源丰富。

费城港位于美国东北部宾夕法尼亚州东南的特拉华河下游与斯巧尔基尔河的汇合处，是美国的主要港口之一。它是美国东部的铁路枢纽，是横贯美国东西第三条大陆桥的桥头堡，即圣菲铁路东部的起点站，西至太平洋沿岸的洛杉矶。它还是宾夕法尼亚州东南部的工商业中心，是全国造船和石油加工的中心之一，并建有全国第二大炼油厂；其他工业还有服装、钢铁、食品、印刷、电机、化工、重型机械、机车等。港口距国际机场约 11 千米，有定期航班飞往世界各地。

费城港是世界最大的河口港之一。港区沿特拉华河西岸分布，岸线长达 80 多公里，有 300 个码头。航道水深 12.2 米，河口处达 16.6 米，可供远洋海轮出入。港区有运河沟通特拉华河和切萨皮克湾，水深 7.6～10.7 米；设有面积约 0.29 平方千米的自由贸易区。港口有 3 条铁路干线，稠密的公路网与港口连接，水陆联运便捷。市内有地下铁道和高架铁路，公共交通设施完备。大市区内有 6 座大桥横跨特拉华河，与对岸新泽西州各城镇相连。

该港属温带大陆性气候，1月平均气温为0℃，7月平均气温为25℃。大风多发生于每年10月至次年4月间，海雾多发生在3～7月。6～10月有时会有来自加勒比海的飓风经过。全年平均降雨量约1000毫米。平均潮差约1.7米。

费城港的装卸设备有各种岸吊、门吊、集装箱吊、浮吊、重吊、拖船及滚装设施等。港口有美国最大的现代化卸矿码头，有散装矿石桥和载重卸货机，可以同时操作两条船，卸货效率每小时达5600吨；并且有现代化的粗筛设备，露天货场可存放300万吨矿石。油码头最大可泊靠7.6万载重吨的油船，原油每小时可输送340吨。煤炭码头每小时可装煤5000吨。大船锚地水深达18米。1992年，费城港货物吞吐量为5264万吨，比1991年减少16.7％；1992年集装箱吞吐量为11.3万标准箱。主要出口货物为煤炭、糖、谷物、钢材、石油产品、机械、化工品及杂货等；进口货物主要有矿石、石油、木材、纸浆、化肥、可可、糖浆、软木、黏土、石膏及生铁等。

费城港

诺福克港（美国）

诺福克是美国弗吉尼亚州第一大城市和港口，位于伊丽莎白河畔，扼切萨皮克湾咽喉，与朴次茅斯、汉普顿、纽波特纽斯 3 城隔河相望，是重要的工商业中心。诺福克面积 140.4 平方千米，人口约 29 万。这里原为印第安村庄。1682 年，英国移民到此定居。1805 年设为镇，以英格兰诺福克郡的名字命名。独立战争期间，诺福克遭严重破坏，后重建；1845 年建市。

诺福克港港口年吞吐量居美国第六位，其中煤炭输出量占 90% 以上。主要工业有造船、船舶修理、食品肉类加工、汽车装配、木材、纸张、化工、建筑材料等。此外，诺福克海军造船厂是美国主要的军舰制造厂之一，也是美国

诺福克港

最大的海军基地之一，同时，它还是全球第一军港。

诺福克港诺福克港是美国大西洋岸最大的海军基地。第二次世界大战期间，城市发展迅速，并相继建立庞大的海、空军设施，现与朴次茅斯同为美国大西洋舰队司令部和北大西洋公约国组织最高联合指挥部驻地，与朴次茅斯、纽波特纽斯等组成汉普顿罗兹港。

汉普顿罗兹港是美国大西洋岸同西印度群岛间的贸易港，也是世界著名的深水港之一。港口主要输出煤、棉花、烟草等，有铁路可通往阿巴拉契亚南部煤田，成为世界最大的煤炭输出港。诺福克和汉普顿间架有大桥，交通方便。这里是独立战争和南北战争时激战地，多史迹，旅游业发达；名胜有圣保罗教堂、植物园、弗吉尼亚海滩以及文化和会议中心等。这里每年还举办国际杜鹃花节。弗吉尼亚大学、诺福克州立学院等高等学府也在此。

西雅图港（美国）

西雅图早先是印第安人的聚居地，其名称来自一名印第安人酋长。1869年，西雅图正式设市。随着阿拉斯加掀起淘金热，西雅图成为众多淘金者的必经之地，这座城市因此得到迅速发展。1889年，西雅图遭遇火灾，大部分市区被焚毁，但不到1年，西雅图人就在废墟上重建了新城。

西雅图有"绿宝石城"、"常绿之城"、"阿拉斯加门户"、"女王之城"、"喷气机之城"等别名。从1869年开始，西雅图的别称是"女王之城"。1981年，西雅图正式选举一个新的昵称。1982年，官方公布西雅图的别称是"绿宝石城"，它描绘了西雅图因多雨造成的丰茂景色。

西雅图的地理位置得天独厚，是美国通往亚洲和阿拉斯加的门户，并拥有优良海港。目前，它已经发展成为美国西北部商业、文化与高科技中心及主要旅游和贸易港口城市。西雅图的知名产业包括航空航天、信息技术、生物工程、木材加工和渔业等。著名的波音公司和微软公司就落户于此。西雅图港在美国港口集装箱运输中排名前十位，每年运输的货物量达230亿吨。西雅图港高达90％的进出口货物是来自或运往亚洲国家。

西雅图常年被青山绿水环绕，风景如画，著名景点比比皆是，其中高达185米的"宇宙针"电视塔被视为城市的标志。西雅图居民多为移民或移民后代，城中有大型华人、日本人和菲律宾人社区，这也形成了西雅图多样与包容的文化。西雅图还拥有多所博物馆、美术馆和高等学府，其中包括华盛顿大学、西雅图大学、西雅图太平洋大学等。

西雅图港位于美国西北部，华盛顿州西部沿海普吉特湾的东岸，濒临太平洋西海岸的胡安德富卡海峡的东南侧，是美国第二大集装箱港，同时也是美国距离远东最近的港口。

该港始建于1852年，由于北太平洋铁路的修建和阿拉斯加金矿的发现而逐渐兴起。该港交通运输发达，是北美大陆桥的桥头堡之一，即横贯美国东西向的主要干线北太平洋铁路的终点站，东部的桥头堡为纽约。港口距机场约15千米，有定期航班飞往世界各地。

该港属温带海洋气候，盛行南风。年平均气温在5℃，夏季约20℃。全年平均降雨量约1000毫米。平均潮差为5.5米。

西雅图港装卸设备有各种岸吊、集装箱门吊、重吊、回转吊、拖船及滚装设施等，其中集装箱门吊最大起重能力达50吨，重吊达200吨。港区露天堆场面积达14万平方米，仓库总容量达70万吨，货棚面积约

西雅图港夜景

30万平方米。集装箱码头面积达140万平方米，其中最大的是哈珀岛第18号码头，水深达15米，有铁路站场可以从集装箱船上直接向双层集装箱列车装箱，扩大了多式联运的运输。谷物码头全部自动化，最大可靠泊20万载重吨的船舶，装卸效率每小时装3500吨。大船锚地水深达36米。本港对外贸易区自1945年建立起来，目前面积已达5.67平方公里。1994年，集装箱吞吐量达140万标准箱，比1993年增长21.6％。主要出口货物为谷物、鱼、牛油、机械、小麦、纸浆及废纸等；进口货物主要有纺织品、木材、新闻纸、轿车、胶合板、石膏、香蕉及杂货等。在节假日中，元旦、独立日、劳工节、感恩节均不安排工作，圣诞除夕和元旦除夕只工作到15：00，7月5日虽非节日也不安排工作。

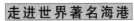
波特兰港（美国）

波特兰是美国俄勒冈州最大的城市，也是默尔特诺马郡的郡府，位于威拉麦狄河汇入哥伦比亚河的入河口以南不远的地方。它是美国西北太平洋地区仅次于西雅图的第二大城市。

1996年，波特兰港与温哥华的委员们批准了一份政府间协议，使这两个港口在市场及发展目标上又靠近了一步。在该协议项下，将任命项目经理为这两个港口制订发展目标和政策。另外，利用成本与收入共享原则，这两个港口将联合进行市场拓展与设施发展，并抓住有利于波特兰、温哥华地区的发展机遇。

2004年初，美国大型零售商克儒格集团将其首选货物进口港从美国加利福尼亚州的长滩港转移到基础设施规模小得多的波特兰港。现在看来，美国大型零售商克儒格集团决定把波特兰港作为其主要进口港口确实有其精明独到之处，因为南部加利福尼亚港口的拥堵已经发展到让人"谈虎色变"的地步，而横跨美国大陆的州际铁路运输能力也捉襟见肘，力不从心，常常发生拥堵，无法满足胃口越来越大的横跨美国大陆铁路转运集装箱的需求。显然，克儒格集团把进口集装箱业务从长滩港转到相对很少发生拥挤的波特兰港，其目的就是避免从亚洲尤其从中国大量进口的集装箱货物在抵达美国西海岸港口时发生船期耽搁。

作为美国内河港口的波特兰港，码头面积宽敞，泊位充足，与铁路和高速公路网络直接相连，而且最近几年连续不断扩大投资，提高了港口码头基础设施规模。此外，2005 年夏季时新建了一座铁路集装箱堆场。

此外，波特兰港还有另外一个优势：劳动力和港口码头土地费比加利福尼亚港口要便宜得多。波特兰港航运部总经理萨姆罗德于 2005 年 2 月份对美国媒体说，波特兰港从来没有想过要发展成西雅图港和塔科马港那样大的规模，但是每年确保为 3 家或者 4 家远洋承运人提供装卸服务的能力是绰绰有余的。

当然，波特兰港也有其固有的弱点，远洋船舶必须沿着哥伦比亚河上溯 108 海里，需要 8 至 10 个小时的额外航运时间；再就是河道水深有限，满载 5500 标准箱的集装箱船舶很难顺利地抵达波特兰港。但是不少远洋承运人考虑到长滩港等美国西海岸港口常常要等等候几天才能进港，拥堵势头未有好转，有时候也愿意让较小吨位集装箱船舶挂靠波特兰港。例如韩进集装箱班轮中运力超过 5500 标准箱的均挂靠长滩港和奥克兰港，而运力在 4000 标准箱的集装箱班轮则挂靠波特兰港。现在像克儒格集团这样的一些托运人也在扩大使用波特兰港，将其作为主要进口港之一。不少美国进口商和托运人正在波特兰港附近地区投资设立分销配送中心。

波特兰港务当局在美国军方工程集团的支持下，投资了 1.5 亿美元于 2005 年夏季疏浚进出波特兰港的哥伦比亚河必经航道，从原来的河

波特兰港

道水深 12.2 米加深到 13.1 米。哥伦比亚河道这期疏浚工程在 2005 年底竣工，水深 13.1 的哥伦比亚河道使进出波特兰港的集装箱船舶加装了 500 标准箱的货物，这对于韩进海运等远洋承运人来讲无疑是一个喜讯。韩进已经决定在波特兰港增加亚洲出口到美国集装箱航班的挂靠次数。与此同时，波特兰港务当局准备仿照香港和鹿特丹港的经营方式，采用锚泊在河道中的集装箱船舶两边船舷驳船装卸的办法，进一步提高港口的集装箱吞吐量和市场竞争能力。

波特兰港在发展海运的同时也在积极推进国际航空货运，发展海陆空货物联运。波特兰航空机场目前由波特兰港务当局经营，统一由哥伦比亚河集装箱服务委员会管辖，将来的发展方向是把波特兰港的集装箱装卸从整个哥伦比亚河道扩大到铁路、公路和航空运输各个方面。

波特兰的别称——"玫瑰之城"（这个名字最早出自 1905 年的刘易斯和克拉克远征百年纪念博览会）——是因波特兰的气候特别适宜于种植玫瑰，市内有许多玫瑰园而来的。波特兰华盛顿公园里的国际玫瑰试验园每年 6 月举行玫瑰节。波特兰还有许多其他昵称，比如由于当年城市建设速度较快，砍伐树木剩下的树桩来不及被清理，城市周边布满树桩，因而被称为"树桩城"；由于河流和桥梁较多而被称为"桥城"、"河城"等等。

波特兰的气候温和，季节分明，平均年降雨量为 1119 毫米，一般来说波特兰每年有 155 个降雨天。波特兰的气候有地中海气候的特点，冬天温暖潮湿，夏天炎热干燥。6～9 月是波特兰最干燥的季节，月平均降雨量只有 25 毫米，很少或者完全不降雨。11～4 月是降雨季节，每年 80% 的降水是在这段时间里。冬季的温度在 2℃ 左右，夏季的温度在 26℃ 左右，但夏季的热潮有时也会超过 38℃。不过大多数时候波特兰的夏季温度很适宜，阳光充沛。

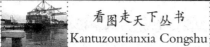

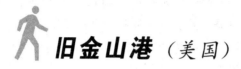

旧金山港（美国）

　　美国旧金山，或称"圣弗朗西斯科"、"三藩市"，是美国加利福尼亚州太平洋岸的海港城市、工商业大城市。它位于太平洋与圣弗朗西斯科湾之间的半岛北端，面积 121.73 平方千米，1776 年由西班牙人建立，1821 年归墨西哥，1848 年属美国。19 世纪中叶，这个城市在采金热中迅速发展，华侨称为"金山"，后为区别于澳大利亚的墨尔本，改称"旧金山"。1906 年，遭大地震，严重被毁后重建。

旧金山港

旧金山港湾面积 1126 平方千米，经宽仅 1200 米的金门海峡通太平洋，是重要的海军基地和著名的贸易港。它是通往太平洋区域和远东地区的门户，也是美国西部最大的金融中心；工业发达，主要有飞机、火箭部件、金属加工、造船、仪表、电子设备、食品、石油加工、化学、印刷等部门。

旧金山港是美国海岸商港，位于加利福尼亚州中腰，旧金山湾中段西岸，港市之东岸。东距奥克兰水路 3 海里，有跨海湾大桥相连，海外至夏威夷火鲁努努 2100 海里，距横滨 4540 海里，距上海 5400 海里。港区分布在旧金山一奥克兰大桥南北，从陆岸向海湾伸展有几十座突堤，多数突堤短而细，两侧只能停靠 1～2 艘船只，目前，不少已改为它用。

现用于远洋船装卸的码头有大桥以北的 15 和 17 号突堤，有 3 个泊位，用于新闻纸进口；19 和 23 号突堤有 2 个泊位，用于国际杂货贸易；27 和 29 号突堤有 3 个泊位，用于杂货，有时也用于集装箱船；31、33、35 号突堤各有 2 个泊位，用于杂货，其中 35 号突堤也用于远洋客船；大桥以南的 26 号突堤有 2 个泊位，用于杂货和政府肉类检疫；28 号突堤有 2 个泊位，用于船舶修理；30 和 32 号突堤有 3 个泊位，用于杂货，有时也用于集装箱装卸；48 号突堤有 2 个泊位，用于新闻纸和纸浆；80 号突堤和 94～96 号突堤为该港集装箱码头，共 7 个泊位。码头线总长 2300 米，前沿水深 12～13 米，码头上配有 8 台 30～40 号装卸桥。此外，还计划开发以上两个码头之间的 90～92 号码头，作为集装箱泊位，各配有 4 台装卸桥。该港码头虽多，但用于远洋船装卸的泊位仅 30 来个，货物装卸 200 多万吨，主要为旧金山市服务。

随着经济的发展，旧金山港和世界上许多国家和地区都有贸易往来关系。2007 年 7 月 1 日，旧金山港务局与中国上海港口管理局签署了友好协议，结为姐妹港。

旧金山是加州的重要港口城市，住着来自各个国家的人民，各种文化在这个都市交融。华人在旧金山市的总人口中占 20％，黑人也占有同样的比例，另外有少数的菲律宾人、日本人、尼加拉瓜人、西班牙人、意大利人、越南人和萨摩亚人等。市区东北角的"中国城"为美国华人最大集中地。旧金山三面环水，景色优美，是著名的旅游城市。这里气候冬暖夏凉，阳光充足，被誉为"最受美国人欢迎的城市"，有金门桥、海湾桥等宏伟建筑和圣弗朗西斯科大学（1855 年建）等高等学校、科研机构多所。

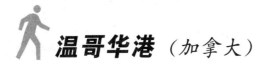

温哥华港（加拿大）

温哥华是加拿大第三大城市，也是加拿大最大的海港。它位于不列颠哥伦比亚省西南部太平洋沿岸，加、美边界北侧，距加、美边界 40 千米处。大市区面积 1386 平方千米，人口 131 万，城市人口 41 万。

温哥华港是个天然良港，航道水深 8.23～20.5 米，外围有温哥华岛作为屏障，形成了对港口的天然掩护，潮差较小；由于受到阿拉斯加暖流影响，终年不冻。温哥华港分为外港和内港。外港英吉利湾开阔，水域面积 518 平方千米，海轮进入英吉利湾后，穿过 472.4 米的狮门大桥，进入温哥华内港——伯拉特湾。内港伯拉特湾口窄内宽，由西向东延伸 32 千米，港区面积 130 平方千米，水深 12 米以上，可供远洋巨轮出入。港口有专用谷物码头和集装箱、散装货码头在沿岸排列，长达 10 余千米。港口设施完善，货物装卸采用机械化、自动化设备，每小时可装卸散装货物：煤炭 9000 吨、粮食 7000 吨、硫磺 6000 吨、钾肥 2500 吨。各产粮省均在此设有专用码头和仓库。全国出口谷物的 40% 以上经过该港口输出。温哥华是世界最重要的小麦输出港之一，每年出口 800 多万吨小麦。2005 年吞吐量为 170 多万标准箱，世界排名第五十四位。输出物资除粮食外，还有煤、矿石、木材、纸浆、面粉、鱼品等；进口货物主要是咖啡、可可、糖、茶、钢铁、水泥等。从温哥华通往国外的定期航线可达亚洲、大洋洲、欧洲和拉丁美洲的许多国家和地区，特别是与美国、日本、英国的港口联系最为密切。陆路交通有 4 条铁路线和多条公路线通往全国各地，向东直抵大西洋岸，是东西横贯加拿大全境大铁路的终点，向北可达本省北部的许多城市和地区，向南则与美国的铁路、公路相通；地下管道有多条天然气和石油管道通向港口；空运有温哥华国际机场，这是世界上最繁忙的机场之一，有多条定期航线连接世界各地。

由于温哥华以港口为主的综合运输能力强，所以一直成为加拿大西部农、林、矿产品的主要集散中心，也是加拿大西部的工商业和金融中心。这里的农产品、矿产品、木材和传统工业部门的木材加工、水产加工、造纸、罐头等产品便成为温哥华港向外输出的主要物资。长期以来，温哥华港一直作为原料、燃料和初级产品的转运港，港口输出的商品大部分是腹地的有限资源。进入 20 世纪 80 年代，近港地区和易开采的资源已大量开采，开采难度和运输距离不断增加，成本越来越高，这在某种程度上对温哥华港的运输资源是不利的。

温哥华港与世界许多著名港口一样，也是从渔村发展而来的。温哥

温哥华港

华原是一片荒野，只有一些土著居民过着原始的渔猎生活。19世纪中叶，加拿大资本主义开始发展，随着近代工业的兴起，在温哥华地区发现了许多矿产资源。为了适应世界市场的需要，将此地立名为"格兰维尔"村落，这是温哥华的原名。从1862年起，一些欧洲移民在海湾沿岸定居，此地成为渔业和锯木业兴盛的小镇。1886年5月3日为纪念最先来到这里探险的温哥华船长的航海功绩，把"格兰维尔"改名为温哥华。1886年大铁路通车，大批移民蜂拥西进，外国移民也急剧增加，大片开垦土地，开采矿产资源。广大的中西部地区因而就成了温哥华的腹地，大量物资向温哥华汇聚。经济的发展促进了温哥华港口的发展和扩大。1914年，巴拿马运河通航，这使原西部地区经东部港口转运到欧洲的货物由温哥华直接运往欧洲，不仅降低了运输成本，更使温哥华与世界各国直接进行贸易往来，进而发展成为今日的著名国际港口。

温哥华是加拿大华人聚居最多的城市之一，也是历史上同中国交往最早的加拿大城市。这里的唐人街位于市区东方，商店都由华人经营，店铺用中文招牌，出售中国手工艺品、古董、时装、中药等。中国民主革命的先驱孙中山曾三次到此，发动华侨投身于推翻清王朝的革命活动。温哥华也是伟大的国际主义战士白求恩前来中国的出发地。

 弗雷泽港（加拿大）

　　弗雷泽河是北美洲西部的一条大河，发源于加拿大不列颠哥伦比亚省东部落基山脉耶洛黑德山口附近海拔 1109 米的耶洛黑德湖。其干流先向北缓慢流过底部平坦的落基山谷，然后转向西北，至乔治王子城，

弗雷泽河

再转向南流经不列颠哥伦比亚省中部的高原和山谷，至霍普折向西流经长 160 千米的三角洲，在温哥华正南注入乔治亚海峡。弗雷泽河干流全长 1368 千米，流域面积 23.3 万平方千米，从源头至入海口落差 1036 米，平均纵坡降 1：1320。河口多年平均流量 3410 立方米/秒，径流量 1075 亿立方米，输沙量 1841 万吨。

弗雷泽港位于加拿大西南弗雷泽河口，北纬 49°11′、西经 122°55′，临太平洋乔治亚海峡。最大吃水 10.1 米。水的载重密度为 1000 千克/立方米。潮高 2.4 米，盛行西南风。该港可接纳宽 32.3 米，长 228.6 米的船。

弗雷泽港港区有 5 个码头，分别是弗雷泽萨利码头、弗雷泽码头、建筑材料码头、石膏码头、水泥码头。弗雷泽萨利码头有 5 个泊位，岸线长 1006 米，吃水 10.1 米；其中有 1 个木屑和木浆泊位，2 个集装箱船泊位，长 168 米，吃水 10.7 米。弗雷泽码头有 1 个泊位，长 152 米，吃水 10.7 米。建筑材料码头有 2 个泊位，长 395 米，吃水 9.1 米。石膏码头有 1 个泊位，长 183 米，吃水 9.1 米。水泥码头有 1 个泊位，长 244 米，吃水 9.1 米。油轮码头可停靠长 198 米、吃水 9.8 米的船。

蒙特利尔港（加拿大）

　　蒙特利尔是加拿大东部商港，位于圣劳伦斯河中游与渥太华河交汇处附近，北纬45°30′、西经73°33′，经贝尔岛海峡出海838海里，经卡博特海峡出海690海里。圣劳伦斯河上通五大淡水湖，下通圣劳伦斯湾，流长960千米。经过20世纪50年代的全面整治，全线水深达到8.2米以上，万吨级海轮可直达五大湖区。因有大湖水量调节，航道水位稳定，年货运量在4000万吨以上。蒙特利尔港以下航道水深10.9米以上，吃水10米的海轮可以到达，但受拉布拉多寒流影响，每年12月中旬至来年4月上旬为封冻期，不能通航。

　　蒙特利尔是加拿大东部最大的交通枢纽，至魁北克港139海里，经卡博特海峡至圣约翰斯港1033海里，至哈利法克斯986海里，经向风海峡至巴拿马科隆城3286海里。有5条铁路交会于此，东达圣约翰港、哈利法克斯港，北通三河城、魁北克港，南至纽约，西连大陆西岸温哥华，公路四通八达，还有国际机场。港区自上游维多利亚桥起，沿河西岸自西南向东北延伸约17千米，有50多个码头。

　　港区上游至下游的主要码头有：城镇港区、市场港区、劳利埃尔突堤、塔尔特和苏德兰突堤、第48～56号泊位、干散货码头、集装箱码头、油轮泊位。

　　1.城镇港区。南部有2个南北向港池，沿边有19个水深7.6～9.14米的泊位。其中西侧的风车角码头7、9、10号泊位用于装卸粮

蒙特利尔港

食，12 号泊位用作车辆上下；北部三座向东伸展的突堤，即亚历山大突堤、爱德华国王突堤、杰克卡提尔突堤，共有 16 个 8.8～10.6 米的深水泊位。其中亚历山大突堤南边的 3、5 号泊位和杰克卡提尔 14 号泊位用于谷物装卸。

2. 市场港区。这是杰克卡提尔桥南北的顺岸码头，计 20 个泊位（第 21～42 号泊位），水深 7.6～10.6 米。

3. 劳利埃尔、塔尔特和苏德兰突堤。各有 4 个水深 9.1～9.9 米的堤位，用于沿海贸易、散糖及谷物装卸等。

4. 第 48～56 号泊位。水深 10 米左右，主要用于谷物装卸。

5. 干散货码头。即第 57、58 号泊位，水深 9.1 米；第 71、72 号泊位，水深 10.6 米。

6. 集装箱码头。拉辛码头有 4 个泊位（59～62 号泊），卡迪拉克码头（66～68、70 号泊），布奇维尔码头（73、74 号泊），塔斯克码头

（78～80号泊），比克尔迪克码头（87～88号泊），水深均达9.1～10.6米。

7. 油轮泊位17个（94～110号泊）。全港包括14个集装箱泊位在内总计有120多个泊位，大部分是深水泊位。

1989年，蒙特利尔港国际货物贸易量为2042万吨，其中散货1172万吨，以谷物、煤矿石等散货最多；集装箱处理量在1990年达57万标准箱、570多万吨，居加拿大第一位，世界第三十一位。港市人口100多万，为加拿大第一大城，包括郊区在内为280多万，是加拿大金融、贸易中心；工业发达，主要有钢铁、电子炼油、造船、机械、纺织等。

蒙特利尔港作为全球使用最频繁的内陆港口之一，也是跨大西洋运输的主要中转地之一，2005年货物吞吐量逾2400万吨。由于该港低成本而高效率，并服务于北欧、地中海、加拿大中部、美国中西部和东北部市场，因此，它是连接这些市场的最短途径，也是距离北美工业中心最近的国际港口。

蒙特利尔岛

魁北克港（加拿大）

　　魁北克城是加拿大东部重要城市和港口，位于圣劳伦斯河与圣查尔斯河汇合处。魁北克城是加拿大的第九大城市，在魁北克省则仅次于蒙特利尔居第二。魁北克从 1608 年起建市，现为魁北克省首府，工商业发达，主要有造船、造纸、机械制造、木材加工等工业。全市总人口约68 万，其中绝大多数为法裔加拿大人，95％的居民只讲法语。全城分新区和老区两部分。新市区高楼林立，商业繁荣，一派现代化城市风貌。旧市区仍保有 18 世纪法国城市的风貌。这里挂有 18 世纪牌匾的店铺商行比比皆是，店员身着古装、梳古老发型，使整个市区充满了古色古香的情调。魁北克城名胜古迹甚多，是北美洲的一座历史名城。

　　魁北克港是加拿大重要的商港，位于该国东部圣劳伦斯河下游左岸，与圣查尔斯河交汇处，北纬 16°49′、西经 71°12′，港市之东。港外，西南距蒙特利尔港 139 海里，东北距卡提尔港 272 海里，至贝尔岛海峡 699 海里，至卡博特海峡 551 海里，经向风海峡至巴拿马运河北口克里斯巴港 3148 海里。港区有横越北美大陆的铁路连接西海岸不冻良港温哥华，东连新斯科舍半岛不冻良港哈利法克斯，西南有公路、铁路经三河城达蒙特利尔市；公路东北是铁矿石输出港——卡提尔港和七岛港（塞堤尔）。港区分布在圣查尔斯河过河大桥以外的河口两岸和圣劳伦斯河左岸，由于受拉布拉多寒流的影响，冬季 4 个月会冻结。

　　主要港区有：

1. 圣查尔斯河口西北岸的 Balturo·Beaupoot 港区。港区有 5 个深水泊位（50～54 号泊位），顺岸式，各泊长 210～213 米，水深 11.8～15.2 米，特别是后两个泊位，水深 15.2 米，是大型干湿散货港区。

魁北克风光

2. 圣查尔斯河南岸共 5 个泊位。其中 27～29 号泊位各长 293 米、277 米和 305 米，水深 10.6～12.2 米，用于林产品、谷物和远洋贸易；30、31 号泊位各长 22.4 米，水深 10.6 米，亦用于远洋贸易。

3. Vieux Potr 港区。该港区处在 28～30 号泊位南陆域凹入的水域周，东连圣劳伦斯河，港池内有 6 个泊位，水深仅 3.9～8.8 米，用于沿海船；但出入口两侧圣劳伦斯岸有 5 个深水泊位，泊位线均可达 240 米左右，水深 11 米。北侧 3 个堤位用于海洋贸易，南侧两泊用于客运。

4. Anse adx Foulons 港区。该港区处在圣劳伦斯河左岸，计有 8 个顺岸泊位，泊位线各长 200 米左右，水深全达 11.3 米。其中 101～106 号泊位用于远洋贸易，107～108 号泊位用于干湿散货。

此外，以上港区对面的圣劳伦斯河左岸还有石油和干散货码头，石油码头水深最大达 16.1 米，可泊靠 15 万吨级油轮，右岸东北还有船厂码头等。全港有近 60 个泊位，1989 年吞吐量为 1567 万吨，绝大部分是贸易散货，其中尤以谷物出口为多，还有矿石、木材、林产品等；进口货物主要有石油、煤、化肥、盐、水泥、钢板等。

科隆港（巴拿马）

　　科隆港位于巴拿马北部沿海巴拿马运河的大西洋出口处，濒临利蒙湾的东侧，是巴拿马最大港口。科隆港属海湾河口港，是设有自由贸易区的基本港。克里斯托瓦尔为其外港。科隆是巴拿马的第二大城市，也是仅次于新加坡、香港的第三大自由贸易城市，始建于 1948 年。自由贸易区的面积达 50 万平方米，外国企业和公司可以自由地进行转口业务，将商品在区内加工、制造，然后免税输出，主要经营电器、机械产品、车辆及化工产品等。附近的拉斯米纳斯建有日产 10 万桶石油的炼油厂。该港市的交通运输以公路为主。

　　科隆港属热带雨林气候，盛行西南西风。每年有数月的强烈北风，但港内设有防波堤以保证船舶安全。年平均气温最高为 33℃，最低为 22℃，全年平均降雨量约 3300 毫米。平均潮高：高潮为 0.3 米，低潮为 0.08 米。装卸设备有各种岸吊、集装箱吊、浮吊、铲车及拖车等，其中岸吊的最大起重能力为 40 吨，浮吊达 250 吨，停泊在甘博阿。码头最大可泊靠 5 万载重吨的船舶。

　　说到科隆港，我们就不得不提起她的母亲河——巴拿马运河。巴拿马运河位于巴拿马的中部，它是沟通太平洋和大西洋的重要航运要道，被誉为世界七大工程奇迹之一，并被誉为"世界桥梁"。巴拿马运河全长 81.3 千米，水深 13～15 米，河宽 150～304 米。整个运河的水位高出两大洋 26 米，设有 6 座船闸。船舶通过运河一般需要 9 个小时，可以通航 76000 吨级的轮船。主要出口货物为香蕉、蔗糖、咖啡、海虾及石油产品等；进口货物主要有食品、石油、机械、运输设备及工业品等。

巴拿马地处北美洲与南美洲的交界处，地区优势明显，左临太平洋，右临大西洋，最宽的陆域宽度只有 80 多千米。这一切使得巴拿马成为沟通两大洋的理想之地。早在 16 世纪，西班牙国王查理五世就曾下令进行巴拿马运河开凿的测量与调查。到了 1879 年，在法国巴黎召开了审查巴拿马运河问题的国际代表会议，决定由法国政府全面负责进行开凿运河。

1903 年，在美国的策划下，哥伦比亚共和国巴拿马地区的一些人发动政变，宣布成立巴拿马共和国。同年 11 月 18 日，美国与巴拿马签订了不平等的《美巴条约》，规定了美国以一次偿付 1000 万美元和 9 年后付给年租 25 万美元的代价，取得永久使用巴拿巴运河区（约 14740 平方千米）的权利。除了这一权利之外，美国还得到修建铁路和设防驻军的权利。

科隆港

在法国开凿运河航道的基础上，美国又继续投资了 3.87 亿美元，雇佣了数十万人挖凿运河。在整个挖凿施工过程中，来自世界各国的劳工，其中包括许多中国劳工，都为开凿巴拿马运河付出了血汗。当时的劳工们在极其恶劣的环境下劳动，曾先后有 7 万名巴拿马和其他国家的劳工死亡。巴拿马运河于 1914 年竣工，1915 年通航，1920 年起运河成为国际通航水道。由于巴拿马运河的开通，太平洋与大西洋之间的航程比原来缩短了 5000 千米至 10000 千米。现在，每年大约有 1.2 万至 1.5 万艘来自世界各地的船舶经过这条运河。

巴拿马运河通航以来，至 1999 年 12 月 31 日，美国一直控制着运河航行等各个环节。管理运河的最高权力机构是巴拿马运河管理委员会，委员会的总负责人由美国人担任，副手是巴拿马人，运河的全部引航员由美国人充当。为了夺回运河的管理权，巴拿马人民不断进行英勇斗争。1946 年 1 月 9 日，巴拿马曾爆发了震惊世界的反美爱国斗争。在巴拿马人民坚持不懈的反抗与斗争下，美国政府终于和巴拿马政府签订了《巴拿马运河条约》。根据这个条约，美国应在 1999 年前把巴拿马运河及运河区全部归还巴拿马，美国驻扎在运河区 16 个基地的军队将全部撤走。

运河回归后，巴拿马政府成立专门的管理机构统一处理运河事务。为了能使后巴拿马级的船舶通航运河，有关拓宽运河的计划曾被提上管理委员会的议事日程并付诸实施。拓宽计划的实施给巴拿马运河这条国际黄金水道注入了新的活力。

现在，巴拿马科隆自由贸易区已与世界上 120 多个国家和地区有贸易往来。

里约热内卢港（巴西）

里约热内卢是巴西第二大城市和全国最大的海港之一。它位于里约热内卢东南部瓜纳巴拉湾西岸的狭长地带，南临大西洋，与对岸的尼泰罗伊城隔海相望，由长 14 千米的海峡大桥把两个城连结起来，共同扼守着瓜纳巴拉海湾的出口。其面积 1171 平方千米，人口 500 多万；大里约热内卢包括 14 个卫星城镇，人口达 1258 万。城市依山面海，因受地形和大西洋的强烈影响，气候宜人。

里约热内卢港湾口窄内宽，外有岛屿屏蔽，是世界著名的天然深水良港之一。该港码头长约 6000 米，是南美洲最大的船只停泊中心之一，并且拥有矿石、煤、石油等多种专业化泊位码头和客港泊位以及集装箱码头。港口设备条件现代化，各种储存仓库 30 多个。港口年吞吐量 3500 万吨以上，进口占全国的 1/4，是全国最大的进口港，出口占全国的 1/5。进口主要物资有煤、石油等能源原料；出口物资有咖啡、蔗糖、皮革、铁、锰矿石等。

里约热内卢是巴西仅次于圣保罗的经济中心，主要工业部门有纺织、印刷、汽车、冶金、石油加工、服装、造船、化学和食品工业等，其中印刷业和服装业在全国占有突出地位。里约热内卢海港风景优美迷人，旅游设备完善，是世界著名的旅游胜地。因每年 2 月举行 3 天的"狂欢节"吸引着大批国内外游客，有"狂欢圣都"之称。里约热内卢交通方便，是全国重要的交通枢纽，也是全国各地铁路网的起点，公路

俯瞰里约热内卢港

四通八达；铁路和公路都通往圣保罗、桑托斯、具洛奥里芷特、巴西里
亚以及东北部的萨尔瓦多等大城市。

　　里约热内卢城市及其港口的发展与其地理位置及其当地资源有着密
切联系。巴西独立以前是葡萄牙在美洲唯一的殖民地，独立后巴西是拉
美地区唯一以葡萄牙语为官方语言的国家。"里约热内卢"出自葡萄牙
语，意为"一月之河"。其命名的来历是 1502 年 1 月 1 日葡萄牙人来到
瓜纳巴拉湾的一座名叫"糖面包山"的山下，误认为这海湾是一条大河
的出口，当时正逢一月，故命名里约热内卢。1555 年法国人在维莱加
格农岛建立要塞，把这个海湾叫做"瓜纳巴拉湾"。1565 年葡萄牙人再
次来这里驱逐法国人，在宝塔糖山麓建圣塞巴斯蒂昂多里约热内卢镇。
至 17 世纪，居民以种植甘蔗和捕鱼为生。18 世纪，内地来纳斯吉拉斯
州发现黄金和金刚石矿，巴西掀起了"黄金热"。里约热内卢成为运送
黄金的主要港口，"黄金热"使奴隶贸易兴盛，里约热内卢成为重要的

奴隶贸易市场，人口倍增。1763年这里成为葡萄牙人在巴西殖民地的首府，1822年成为巴西共和国首都。19世纪中叶起，由于咖啡种植园迅速扩大，为城市发展提供了新的动力，市区面积扩大。20世纪以来，城市和港口发展更为迅速，兴建了大批工厂。1960年迁都巴西利亚后，原联邦区归属瓜纳巴拉州，该市为州府。1974年瓜纳巴拉州并入新的里约热内卢州，该市仍为州府。到1980年，里约热内卢已发展成为巴西第二大城市和经济、文化中心，也是全国最大的港口之一，还成为巴西重要的交通枢纽。

里约热内卢风光

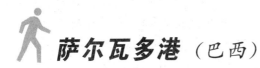

萨尔瓦多港（巴西）

　　萨尔瓦多港属湾颈港，位于巴西东部沿海托多斯奥斯圣托斯湾东岸的入口处，濒临大西洋的西南侧，是巴西大西洋沿岸的主要港口之一。主要航线在南美。萨尔瓦多始建于 1549 年，是巴西最古老的港市，交通运输发达，有公路及铁路与国内线路相接。港口有飞往国内各地的机场。

萨尔瓦多港

萨尔瓦多港属热带雨林气候，盛行东北及东南风。年平均气温最高为 28℃，最低为 22℃。全年平均降雨量约 1000 毫米。平均潮高：高潮为 2.3 米，低潮为 0.8 米。

该港港区主要码头泊位有 12 个，岸线长 2808 米，最大水深 13 米。装卸设备有各种岸吊、可移式吊、集装箱吊、浮吊、谷物卸载机、轮式吸扬机、铲车及拖船等，其中可移式吊最大起重能力 75 吨，浮吊达 100 吨，拖船的功率最大为 1242 千瓦。港区堆场面积约 10 万平方米，仓库容量 15 万吨，油罐容量达 10 万立方米。装卸效率，平均每天散货 500 吨、铁条 1400 吨、干散货 1000 吨。码头最大可泊靠 10 万载重吨的散货船，海上油泊最大可泊 15 万载重吨的油船。

1992 年该港集装箱吞吐量为 2.2 万标准箱。其主要出口货物为蔗糖、咖啡、烟草、纺织品、皮革及金刚石等；进口货物主要有石油、机械设备、化肥、小麦及石化产品等。主要贸易对象为美国、西欧、日本、中东及拉美邻国等。

萨尔瓦多港风光

布宜诺斯艾利斯港 （阿根廷）

布宜诺斯艾利斯是阿根廷首都，也是全国最大的城市和经济、文化、交通中心，还是全国最大的国际贸易港。它位于潘帕斯平原东南端，里亚丘埃洛河和拉普拉塔河的汇流处。这里地势平坦，自然条件优越。城市面积 200 平方千米，包括 22 座卫星城镇在内则有 3600 多平方千米。市区人口 300 万，包括卫星城镇则为 1200 万。该城市为南半球仅次于圣保罗的第二大城市，郊区卫星城镇职能明显，西部和西北部为工业区，南部为重工业区，北部为住宅区。

布宜诺斯艾利斯港是一个人工港，进港主要航道印第安角水道长约 200 千米，经过不断疏浚，水深保持在 10 米左右，万吨巨轮可直达；有 7 个设施完备的港区，码头总长 9000 米，年吞吐量 3000 万吨，为南美最大的港口之一。

阿根廷占有南美温带草原的大部分。潘帕斯草原是一望无际的坦荡原野。这里气候温和湿润，肥沃的黑土，丰富的地下水，都有利于农牧业发展，因此阿根廷是世界上最大的农畜产品生产国和食品出口国之一，其农牧产品及其加工品约占全国出口总值的 80%。布宜诺斯艾利斯的主要工业部门，适应当地资源条件，主要有肉类加工、食品工业、纺织、制革、机械、汽车、化工、造船等。布宜诺斯艾利斯港主要输出的货物与其经济腹地的产品密切相关，有牛肉、谷物、羊毛、皮革、亚麻籽等；输入的货物有机械、钢铁、燃料和工业品等。该港承担着全国对外贸易货运量的 3/4，成为全国最大的贸易港口。

布宜诺斯艾利斯对内对外交通便利，有铁路干线和公路通向巴拉圭、波利维亚和智利等邻国及国内主要城市；公路呈辐射状通向全国各地；并有 2 个国际机场辟有国际航线。

布宜诺斯艾利斯是全国最大的文化中心。全市共有 40 多所大学，市内以广场、街心花园和纪念碑众多而著称。

该城市始建于 1536 年，后为印第安人所毁。1580 年重建，归西班牙秘鲁总督辖区管辖。因殖民当局严令拉普拉塔河流域物产必须经利马转运，不准直接进行海外贸易，致使建城后的两个世纪发展缓慢。1776 年该城市成为拉普拉塔总督辖区首府。随着贸易禁令的解除，港口设施改善，逐渐成为潘帕斯地区牛皮、羊毛、小麦等产品和西欧进口物资的集散地。布谊诺斯艾利斯在 1880 年成为阿根廷联邦首府。1887 年设立布宜诺斯艾利斯联邦区。由于通向广大内地铁路的修建，潘帕斯地区的开发，以及食品工业的建立，欧洲移民大量涌入，城市进一步发展并向四周扩展。20 世纪 50 年代起随着城市经济的发展、经济结构的变化和第二次欧洲移民热潮的出现，城市工业布局和人口向市郊迅速扩展，使布宜诺斯艾利斯跻居到世界特大城市行列，并成为具有世界意义的大港。

布宜诺斯艾利斯港

马德林港（阿根廷）

马德林港是阿根廷海港。港外有该国南部大西洋圣马提阿斯湾沿岸。该港最大吃水 15 米，盛行西风。在风力大于每小时 60 千米、能见度小于 2 千米、刮西南风或西北风且风力大于每小时 45 千米、码头北侧刮西北到东风且风速超过每小时 30 千米、码头南侧刮东到西南风且风速超过每小时 30 千米时，船舶允许停泊。该港无正常驻引航员，必须提前 72 小时报告预计到达时间，引航员在该港以东大约 8 千米处的一个锚地登船，进行引航。

马德林港区内有修船、加燃料、医疗、淡水、给养、遣返设施等服务项目，无干船坞、小艇、牵引、排污设施。港市有意大利领事机构。港区分新、老两个码头区。新码头是个突堤式码头，有 3 个泊位，水深 6.7~16.7 米，是为炼铝厂卸铝土矿和少量的焦炭及沥青船停靠用的。码头上有各种装卸货物的设备和直通码头前沿的火车轨道。老码头位于新码头以南大约 2500 米处，是个小的突堤式码头，码头岸线长 458 米，最大水深 5 米。

马德林港是阿根廷著名的旅游胜地，港口的海面上碧波荡漾，如画的美景让人心旷神怡，但正是这动人的美景掩盖了当地水污染严重的实况。在阿根廷随便向河中扔垃圾是普遍的现象，马德林港也难免遭此破坏，当地的水污染程度很高。

由于种种原因，阿根廷政府每年用于环境治理的经费少得可怜，环境问题也日益严重。每位来到海边的游人，都在惊叹这幅美丽的画面，可谁又曾想到，这样美丽的画面掩盖的却是海底垃圾堆。现在，马德林政府已采取有力措施，增加环境治理经费的开支，进行海底垃圾打捞，海底的真正面貌正在得到不断的改善。

马德林风光

符拉迪沃斯托克港（俄罗斯）

　　符拉迪沃斯托克是俄罗斯滨海边疆区首府，是俄罗斯太平洋沿岸著名港城。该城市市区面积 54317 平方千米，人口 60 万，位于太平洋沿岸穆拉维约夫——阿穆尔半岛的南端，临日本海。符拉迪沃斯托克北部为高地，东、南、西分别濒乌苏里湾、大彼得湾和阿穆尔湾。城市及港区位于阿穆尔半岛顶端的金角湾沿岸。金角湾自西南向东北伸入内地，长约 7 千米，入口处湾宽约 2 千米，水深 20～30 米，湾内宽不足 1 千米，水深 10～20 米。金角湾南侧隔东博斯普鲁斯海峡，有俄罗斯岛作天然屏障。海湾四周被低山、丘陵环抱，形势险要。由于符拉迪沃斯托克冬季结冰期长达 100～110 天（12 月上旬至次年 3 月中下旬），因此借助破冰船可通航。在夏秋两季多雾，其中 6～8 月平均有雾日是一个半月。有时大雾影响航船进入港湾。

　　符拉迪沃斯托克是个商港，港口年吞吐量约 700 万吨，其中国内运输量为 400 万吨，国外运输量为 300 万吨。港口拥有良好的设备和大型仓库。主要货运是向俄罗斯太平洋沿岸、北冰洋东部沿岸以及萨哈林岛和千岛群岛运输石油及煤炭、粮食、日用品、建材和机械设备，并运回鱼及鱼产品、金属、矿石等。外贸货物中，出口煤炭、木材、建材、矿石、化肥和鱼产品等；进口则以机器设备、谷物和日用品等为主。符拉迪沃斯托克又是个渔港，在日本海水域，在对马暖流前缘和西部利曼寒

符拉迪沃斯托克港

流前缘，以及沿岸河口附近，富有浮游生物，水产资源丰富，盛产沙丁鱼、鳍鱼、墨鱼和鲱鱼等。符拉迪沃斯托克是俄罗斯远东区的海洋渔业基地，拥有拖网渔船队、冷藏运输和鱼产品加工船队以及捕鲸船队，渔获量居俄罗斯远东区各渔港首位。符拉迪沃斯托克还是俄罗斯太平洋沿岸最大的军港，是俄罗斯太平洋舰队、太平洋边防军司令部的驻地。

符拉迪沃斯托克是俄罗斯滨海边疆区和远东地区重要的工业中心。这里的工业同海运及海洋渔业有密切关系，主要是修船、造船、渔产品加工机械制造、鱼类加工和木材加工等。

符拉迪沃斯托克是俄罗斯远东地区交通的枢纽，是联系滨海地区、鄂霍次克海、太平洋和北极各海的交通和过境运输站。航空运输可通往俄罗斯主要城市。此外，它还是西伯利亚大铁路的终点、远东区近海运输的中心和北冰洋航线的终点。

符拉迪沃斯托克在 1860 年前属中国领土，中国传统名为"海参崴"，当地人称"崴子"（意为港湾），因盛产海参而得名。1860 年《中俄北京条约》签订后该地被沙俄割占。从此海参崴变成了俄国的领地。

1872年在此建军港，将太平洋舰队驻地从尼古拉耶夫斯克（庙街）迁于此。1875年设镇。从1880年起升格为市，1888年成为俄国滨海省行政中心。1903年莫斯科至符拉迪沃斯托克直达铁路线建成后，城市发展迅速，成为俄罗斯在远东的重要城市和港口。苏联解体前，它是苏联俄罗斯联邦滨海边疆区首府。苏联解体后，该市仍是俄罗斯联邦滨海边疆区首府，远东第二大城市。

符拉迪沃斯托克又是一个风景秀丽的疗养胜地，已成为仅次于黑海、波罗的海沿岸的第三旅游疗养胜地。人们利用山丘地形、临海的位置和大片森林的特点，经过总体规划设计，把这个滨海山城装扮得秀丽多姿，别具一格，环境幽美，令人心旷神怡。这里有良好的海滨浴场，每逢夏季，来自远东各地、西伯利亚、欧洲等外国的游客、疗养者成千上万。

俄罗斯政府已决定把符拉迪沃斯托克及其周围地区建成自由经济区，以加强俄罗斯与中国、韩国、日本等东北亚国家之间的经济合作。

摩尔曼斯克港（俄罗斯）

摩尔曼斯克是俄罗斯摩尔曼斯克州的首府，也是北冰洋沿岸最大的港市。它位于科拉半岛东北，临巴伦支海的科拉湾。在城区的高处放眼望去，整个城市沿科拉湾的狭长地带由北向南展开，城区依山而建，是个濒临海湾的小山城。城区主要街道的建筑大都是 50 年代兴建的 5 层高的建筑，显得有些陈旧。在靠近城边的山峦上，主要是高层的居民住宅楼。入夜，在万家灯火的映照下，初披冬装的北国港湾显得迷人而多姿。

摩尔曼斯克是俄罗斯西北摩尔曼斯克州的政治、文化和工业中心，人口约 42.6 万。它的发展同临近的其他城市一样，同俄罗斯发展北方海上军事力量紧密相连。由于受北大西洋暖流的影响，虽地处北纬 69°，位于北极圈内，但冬季科拉湾海水不结冰，是俄罗斯少有的不冻港。船舰出入该港不经过别国控制的湾峡，交通战略位置极重要。该港为全俄最大的军港和北冰洋沿岸最大的商港，俄罗斯船只由此通往世界各地170 个港口，年吞吐量 800～1000 万吨。

从沙皇俄国时期开始，在北方地区建立不冻港的海军基地就是俄罗斯积极推行的一个海军发展战略。1899 年沙皇俄国在这一地区建立了第一个军港。第一次世界大战之后，科拉湾的战略地位显得更加重要。1916 年，同俄罗斯内地相连的铁路在摩尔曼斯克建成通车，同时俄罗斯决定在这里兴建港口，摩尔曼斯克正式建城。到二次世界大战开始，这里已经成为俄罗斯西北地区重要的工业中心。苏联政府于1933年决定在科拉湾建立北方舰队分舰队，1937年改为北方舰队。在第二次世界大战期间，摩尔曼斯克发挥了重要的作用，来自盟军国家的各种物资通过这里源源不断地输送到苏联各地。

第二次世界大战之后，为同美国争夺海上强国地位，苏联政府积极发展海上军事力量。北方舰队成为俄罗斯海军着力发展的海上力量之一。苏联的第一艘核潜艇就是在1958年配备给北方舰队的。从20世纪50年代到70年代，北方舰队成为苏联最为强大的海军舰队，苏联海军2/3的核潜艇和水上核舰艇都驻扎在北方舰队。

正是由于摩尔曼斯克及其临近地区同北方舰队联系紧密，这里的许多造船和船舶修理工业，以及核工业企业都直接同军事有关。因此这里一直以来基本上是不对外开放的地区。

摩尔曼斯克另一个引人注目的地方是，这里是一个核设施多、核污染风险很高的地方。这实际上也是同原苏联政府在这里全力发展核潜艇战略军事力量密切相关。据官方公布的材料，摩尔曼斯克州地区共有

繁忙的摩尔曼斯克港

220 个核反应堆，还有 100 多艘已经废弃但没有进行处理的核潜艇。这里还存放有许多核废料和核燃料。因此，这里的核污染问题引起了世界一些国家，尤其是北欧国家的关注。

摩尔曼斯克城市和商港位于科拉湾南端东岸，是俄罗斯北方海洋渔业基地和全俄最大的渔港，是贯穿北冰洋的北海航线的起点和俄罗斯北极地区各岛屿与考察站的补给基地。该市的工业以鱼类加工、修船、木材加工和建筑材料为主。这里也是北极地区重要的科研中心，有极地研究所、海洋渔业及海洋学等研究机构。该市东北 25 千米的北莫尔斯克是俄罗斯北方舰队司令部驻地。

摩尔曼斯克一年中有一个半月的长夜，又有两个月的长昼。每年从 12 月 2 日起到次年 1 月 18 日前后，太阳一直沉落在地平线以下，北极星则几乎垂直地悬挂在高空。每年夏至前后的两个月里，太阳终日不落，周而复始地在天空回转，而且在 5 月份开始出现极昼。

加里宁格勒港（俄罗斯）

　　加里宁格勒是一个位于波罗的海海岸的俄罗斯海港城市，在维斯瓦湾东岸，西距加里宁格勒湾48千米，有运河相连。它原属德国东普鲁士，1945年，根据波茨坦会议的决定将哥尼斯堡连同东普鲁士一部分地区划归苏联，次年改为现名。

　　加里宁格勒是俄罗斯重要的远洋渔业基地和铁路枢纽，工业以车辆制造、船舰修造、道路机械及鱼类加工为主，还有木材加工厂和纺织厂。城市里有数所大学、大西洋渔业和海洋研究所。加里宁格勒省位于

加里宁格勒港

今日的波兰北方、立陶宛西南，与俄罗斯本土并没有连接，是个孤立在俄罗斯境外的特殊地区。

　加里宁格勒港属于海湾河口港，自 1992 年 7 月已对外开放，并开始接纳外籍船舶。该港属温带海洋性气候，盛行西风，冬不冷夏不热，气温变化较小。全年平均降雨量约 900 毫米。港口全年开放，有时需破冰船协助。港区主要码头泊位水深达 7.6 米。装卸设备有各种岸吊、门吊、粮食卷扬机及传送带等，其中门吊最大起重能力为 20 吨。

伊斯坦布尔港（土耳其）

　　伊斯坦布尔是土耳其的历史名城和最大城市。它位于巴尔干半岛东端，博斯普鲁斯海峡南端两岸，扼黑海入口，地处欧、亚交通要道，是黑海沿岸国家通往爱琴海、地中海唯一的海上要道，也是联系欧、亚两大洲的交通枢纽，战略地位重要。其面积254平方千米，人口550万，包括郊区则约为680万。

　　伊斯坦布尔城由三部分组成，一是老城区斯塔姆布尔，它是城市中最古老的部分，位于金角湾博斯普鲁斯海峡与马尔马拉海之间的地岬上的欧洲部分；二是新城区具约格卢，位于金角湾北岸上的欧洲部分，有两座大桥跨越金角湾与老城相通；三是于斯屈达尔与卡德柯伊，位于老城对岸的亚洲部分一侧，是古"丝绸之路"的重要站点，巴格达铁路的终点。过去靠轮渡与老城区相连，1973年修建了一座横跨博斯普鲁斯海峡的大桥，连接老城区。博斯普鲁斯大桥将伊斯坦布尔两个区域连接起来，大桥全长1560米，桥面宽33米，桥面与水面相距64米，桥上可并行6辆汽车。伊斯坦布尔港口码头分布在上述三个城区，老城的锡克码头，有沟通欧亚两部分领土的火车与汽车轮渡；海达尔帕夏港是具有现代化的港口设备，有铁路与公路通往安纳托利亚高原。伊斯坦布尔港是全国进出口贸易中心，转运全国57％的进口和15％的出口货物。该港腹地广大，宋古尔达克和埃雷利的煤炭和钢铁、萨姆松的烟草以及更东面的农产品主要运到伊斯坦布尔港，以便在国内再转运或出口。各种制成品则作相反方向运输。海洋运输在土耳其国内远距离的大宗货物运输和对外贸易中占有重要地位，伊斯坦布尔港占全国海洋吞吐量的1/3。

伊斯坦布尔是土耳其的工商业中心。近些年兴建了许多现代化工厂，纺织、机械工业闻名全国，此外，有制糖、面粉、皮革、船舶制造、汽车、卷烟、兵工厂等工业部门。据统计，伊斯坦布尔的工业资本和工人人数均占全国的50%左右，生产总值占全国50%以上。伊斯坦布尔是欧、亚交通枢纽，几条重要的国际铁路都以此为终点或起点。著名的东方铁路自巴黎起点，以伊斯坦布尔的老城为终点。巴格达铁路则从斯层达尔始发，向东南直达伊朗首都德黑兰。

伊斯坦布尔是一座千年古都，最早的名字叫拜占庭。公元前2世纪罗马人占领了这里，更名为奥古斯都·安东尼。后来罗马帝国的君主君

远望伊斯坦布尔港

士坦丁看中了拜占庭的地理位置易守难攻，于是选定它做自己的国都，定名君士坦丁堡。公元 395 年罗马帝国分裂后，这个城市成为东罗马即拜占庭帝国的首都。由于这里战略地位十分重要，所以在历史上曾是兵家必争之地。5 世纪的匈奴人、7 世纪的阿拉伯人、9 世纪的保加利亚人都曾争夺过该城，但是均以失败而告终。13 世纪十字军在东征时，该城被烧毁。1453 年，奥斯曼苏丹占领了该城，拜占庭帝国覆灭。奥斯曼帝国在这里建都，并改用现名伊斯坦布尔。从那时起，这个城市一直是土耳其帝国首都，直到 1923 年土耳其共和国成立，才将都城迁到安卡拉，但至今伊斯坦布尔仍是土耳其最大的城市，也是全国经济中心和最大港口。此外，伊斯坦布尔又是一个旅游胜地，这里既有历史古迹，又有美丽的山水和迷人的海峡风光。

伊斯坦布尔风光

梅尔辛港（土耳其）

　　梅尔辛，又称"伊切尔"，是土耳其南部最大港口，位于阿达纳平原最西端，港口优良。梅尔辛港是阿达纳平原农产品（谷物、豆类、柑橘等）与土耳其东南部矿产品（铬、铜等）的出口港。梅尔辛有纺织、食品、磷肥、玻璃等工厂，以及年炼油能力为450万吨的炼油厂。其原

梅尔辛风光

油来自巴特曼油田与中东其他国家。

梅尔辛港地处土耳其南部、地中海沿岸,与塞浦路斯及中东叙利亚、黎巴嫩等国隔海相望。它是大梅尔辛市所属的三个城市中区域最广、经济和文化最活跃的一个,面积约 1772 平方千米。该港属典型地中海式气候,一年大约有 70 天为雨天,年降雨量 750 毫米,年平均湿度为 62%。

梅尔辛港是土耳其最主要的石化工业基地和第三大港口,也是土耳其著名旅游城市和最重要的商贸及出口商品集散中心之一。其主要工业品有石化产品、玻璃制品、水泥、铬、纯碱、棉毛纺织、肥料、大理石等;农产品主要有柑橘、柠檬、蔬菜等。主要出口商品有豆类产品、柑橘、面粉、橄榄油等。1999 年出口货物 266 万吨,总值 12.62 亿美元;进口 281 万吨,总值达 24.81 亿美元。

梅尔辛市历史悠久,拥有 2 个博物馆、2 个图书馆、3 个美术馆、1 个文化中心以及梅尔辛州剧院和芭蕾舞团,并有梅尔辛大学、州立音乐学校、10 所州立高级中学和 7 所私立高级中学。此外,还有梅尔辛免税区,由大的国际运输和电讯公司提供服务。

 # 伊兹密尔港（土耳其）

伊兹密尔港属于海湾港、基本港，位于土耳其西部沿海伊兹密尔湾东南岸，濒临爱琴（AEGEAN）海东侧，是土耳其西部的最大海口。其经济腹地为西部重要农业区。港口南部有被称为世界七大奇观之一的阿提米兹神殿，建筑雄伟，是世界上著名的旅游胜地。

伊兹密尔风光

该港属亚热带地中海式气候，年平均降雨量约 750 毫米，平均潮差 0.5 米。本港有新、老两个港区，主要码头泊位为新港区的一个突堤码头，长 372 米，共有 4 个泊位，最大水深 10.6 米。装卸设备有各种岸吊、可移式吊、浮吊、汽车吊、铲车及牵引车等，其中浮吊最大起重能力 50 吨。粮仓容量达 3.2 万吨。装卸速率：谷物每小时装 250 吨，每小时卸 150 吨；矿砂 2 个工班 1200 吨，杂工班 150 班。1994 年集装箱吞吐量为 21.4 万标准箱。该港口主要出口货物为棉花、烟草、无花果、谷物、蔬菜、地毯及纺织品等；进口货物主要有木材、废多及工业品等。

伊兹密尔是土耳其的第三大都市和第二大港口，也是伊兹密尔省省会，旧称"士麦那"，人口约为 260.6 万（2007 年人口普查数据）。伊兹密尔港位于爱琴海伊兹密尔湾湾头，为天然良港。其工业以纺织、食品、成衣等轻工业为主，近年还建有机械、拖拉机、炼油、轮胎、造船等工厂。港口附近是重要农业区，除有河谷通往内地外，还有以弗斯和拍加马等古迹与休养地，为旅游中心。自古该城便是爱琴海沿岸农业区的中心和全国重要出口港，同时也是历史文化名城、旅游胜地和军事要塞。

马赛港（法国）

　　马赛位于法国南部，地中海北岸罗纳河出口处。它是法国第二大城市和最大港口，也是仅次于鹿特丹的欧洲第二大港。

　　马赛港区分为老港区和新港区，各港区有一定分工。老港建于1839～1844年，港东西长800米，南北宽250米，呈长方形。航道水深8米，海流平静，气候温和，航运条件好。它以杂货、修船、集装箱的装卸及客运为主，是欧洲最大的客运港，年客运100万人次。新港在老港的西北方向，1845年建成第一个码头，以后又陆续向西北延伸，扩展到罗纳河河口，港区长达70千米。全部码头区长19千米，水深6～14.5米，有防波大堤护卫着7个码头区，可以停靠100艘轮船，与世界上300多个港口有船只来往。每年进出口的货船在2万只以上，货物吞吐量达1亿吨，占法国港口总吞吐量的1/3。马赛港是由马赛港区、拉维拉港区、福斯港区、罗纳—圣路易港区等组成；包括沿老港和海湾而建立的6个港湾，共有138个泊位、54.49万平方米的仓库和49.5万平方米的堆场。马赛港可容纳40万吨级的巨轮。

　　港区设备先进、装卸齐全，拥有大、中、小起重机200多台。海湾水深面广，少险滩急流，海潮涨落变化不大，能见度好，非常适合船只的停泊和航行。马赛港进口货物以石油、液化天然气为主，约占总进口量的2/3，此外有粮食、油料、咖啡、棉花和化肥等。进口的石油和加工后的石油产品，主要通过马赛港的输油管道运到法国各地及邻近的瑞士、奥地利、德国等。

马赛港的腹地广阔，交通运输十分便利。在公路方面有纵贯南北的高速公路，并与东西向的公路相交，可和地中海各城市和邻国意大利相通。铁路通过里昂与巴黎相通。内河航运利用罗纳河，沿河上至福斯、里昂、巴黎等地。空运方面，马里尼安机场设备条件具有国际水平，平均每年可接待 250 万人次乘客和 1.5 万吨货物。输油管道从马赛经里昂、斯特拉斯堡至卡尔斯鲁厄，全长 782 千米。

马赛作为法国的南方港有许多有利条件。首先，在法国南方除军港土伦外，无其他重要港口与之竞争，货源充足稳定。其次，法国所使用的石油主要靠进口，而马赛距离中东、北非石油产地距离近，运输时间和运费比较便宜。再次，对外交通方便，可通过苏伊士运河至亚太地区和通过直布罗陀海峡至西非和拉美地区。这些有利条件使马赛港成为对非洲、亚洲太平洋地区的主要贸易港。

马赛港原是天然港口，有 2600 多年的历史。最初，马赛仅限于利

马赛港

翁湾东侧的拉西奥港湾，是一个渔港。后来逐渐发展成商港。在公元前600～公元1840年，当时活动范围是以老港为中心。1789年马赛港已成为世界性港口。1800年，这里成为罗纳河省的首府。1840年以后，马赛港向北发展，扩大了马赛港范围，新建了6个新港区。1966年马赛港附近的福斯港、拉维拉港、圣路易斯港、长隆特港以及福斯、拉维拉2个工业区划归马赛港管辖，因此通常称为马赛—福斯港。马赛从一个渔港发展成为现在的法国第二大海港城市，是随着商业、贸易和海运事业的兴起和发展而不断扩大和发展的。今天的马赛已成为法国最大的贸易港和世界最大的客运港之一。马赛的工业是以港口和对外贸易为依托，利用进口原料加工成产品再向外运出。马赛在港口附近建造炼油厂，提炼原油，其炼油量已占法国炼油总产量的1/4左右。在石油工业的基础上，还发展了化工工业。此外，马赛也是法国最大的修船基地，修船量约占全国此行业的70%。现在，船舶、炼油、冶金已成为马赛市经济的三大支柱。

法国的港口受国家控制，从管理上划分为自治港和普通港两类。普通港由国家直接管理；自治港属于公营公司，具有法人资格，财务上自治，受国家运输部监督。马赛港是属于自治港，独立经营，自负盈亏，在组织上，由行政和技术委员会对港口进行管理和领导。

热那亚港（意大利）

　　热那亚是意大利利古里亚区热那亚省首府，也是意大利的最大海港和第五大城市。它位于意大利西北部利古里亚海的热那亚湾北岸，阿尔卑斯山及亚平宁山之间。城市依山面海，沿海岸延伸长达 32 千米，属于亚热带气候，冬季温和多雨，夏季炎热干旱。热那亚面积 327 平方千米，人口 80 万。

　　热那亚港口由老港和新港两部分组成。港区陆地面积 250 万平方米，水域面积为 453 万平方米，水深 9～15 米，码头线总长 22 千米，可停泊 200 艘船只，可供 100 艘货轮同时装卸货物。每年进出港船只达 1.6 万多艘，吞吐量 6000 万吨。热那亚港建有地中海第一个集装箱码头，从 20 世纪 60 年代起世界海洋航运业向大型化和集装箱化发展，热那亚港积极采取对策，增添了港口机械设备和相应的配套设施，加快港口的现代化、加快装卸速度。全港拥有 300 多台起重机和举动机、80 多台自动化起重机、26 台浮吊台和 370 台铲叉式升降机；主要用于转船作业的浮台 200 多个，仓库建筑物 75 座，每座面积 380 平方米，以及大量天棚货场。集装箱发展很快，从 20 世纪 60 年代末的 3.4 万个增至 25 万个。2 个集装箱专用码头和 2 个集装箱专用仓库，占地 4000 平方米。此外，为泊船开辟了 25 个专业化停泊站，并附有 5 万平方米的停车场地。

　　热那亚港处于意大利及南欧最发达的工农业区——波河谷地和米

兰、都灵、热那亚三角区的南端，是意大利西北地区的主要出海口。三角区工业所需要的煤、原油、铁矿石、化学原料和谷类等，绝大部分由这里输入。波河谷地生产的棉花等和工业三角区生产的汽车、水泥、化学制品、机械产品等也主要由热那亚港出口。从热那亚港进出口的货物占意大利各港口进出运输量的1/5。有8条定期航线从热那亚通向意大利各港。其吸引范围之广，不仅在国内，还超越了国界，是内陆国瑞士的重要出海口，并为中欧一些国家的外贸提供服务，与地中海沿岸港口及大西洋、印度洋等地港口也有紧密联系。尤其是热那亚港距北非石油输出国较西欧各大港近，利用这一有利条件，从热那亚铺设了一条长达1600千米的输油管道，使从北非进口的原油和在热那亚炼制的油品输往瑞士和德国。

利用海港优越的地理位置和有利条件发展相应工业，是世界上许多国家工业布局的一个特点。热那亚城市利用其港口的有利条件发展工业，主要工业部门有：第一类是直接为港口服务的工业；第二类是利用

热那亚港

港口进口的原材料，就地加工成制成品，如炼油、动力机械制造等；第三类是水泥工业等，利用港口便于外销。

由于热那亚的地理位置优越，自古以来就是沟通地中海沿岸地区与欧洲大陆之间的重要通道。早在公元前3世纪时，这里就是罗马帝国的自治城市；4世纪时，就成为利古里亚地区的重要贸易中心；公元7~8世纪时手工业已很发达；9~10世纪时集市贸易日益发展，成为当时地中海地区重要的工商业中心。

12世纪时这里成为共和国，同地中海沿岸各国贸易关系十分密切；1805年附属法国；1861年并入意大利王国。从19世纪末至20世纪40年代，该市利用其有利的港口位置和连通波河平原西部广阔腹地的交通条件，工商业获得较大发展。第二次世界大战后期，热那亚遭到战火的破坏。战后开始修复。随着世界范围的经济恢复，海洋运输业活跃，在这种形势下，热那亚的港口不断发展扩大，以港口业务为支柱的热那亚城市经济也快速发展起来。现在热那亚不仅是意大利的第一大商港，在地中海各港口中，仅次于法国的马赛港，位居第二，也是意大利的重要工业中心、金融中心之一。金融业直接为港口和工业服务，并参与港口发展和工业建设。

热那亚是个历史悠久的城市，也是地中海地区的旅游中心。热那亚城依山傍水，风景秀丽，有许多罗马式和哥特式教堂及建筑物，是著名的旅游胜地，每月可接纳约500班次轮船，其中客轮班次占有相当比例。由于热那亚拥有丰富的旅游资源，今后发展旅游业的前景是很广阔的。

安科纳港（意大利）

安科纳约建于公元前 390 年，是意大利中部海滨亚得里亚海的港市。该城市的工业以炼油、造船、机械、化学、医药、食品、纺织等为主。该城市的铁路枢纽处于米兰－博洛尼亚－布林迪西东岸铁路干线上，并有海轮定期往返于意大利－黑山－克罗地亚的亚得里亚海港口。

安科纳港位于意大利东海岸的中部，濒临亚得里亚海的西北侧，距克罗地亚的里耶卡港约 203.72 千米，是意大利东部的主要港口之一。其港口有铁路与全国相通，距机场约 10 千米。

安科纳港属亚热带地中海气候，全年盛行东风，夏季多西风，有时港内会引起较大的涌浪。每年 11 月至次年 3 月是雾季，有时很浓。年平均最高气温约 35℃，最低气温约－4℃。全年平均降雨量约 1000 毫米，平均潮差约 0.6 米。

安科纳港装卸设备有各种岸吊、可移式吊、集装箱吊、抓斗吊、吸管机及直径为 101.6～508 毫米

安科纳港

的输油管等，还有直径为 1016 毫米的海底输油管道，卸速每小时达 7000 立方米。在海上泊位水深达 29.8 米，可泊 30 万载重吨的超级油船。码头上有水泥仓筒及仓库等。滚装船可在任何泊位上作业，码头均有滚装设施。其主要出口货物为精炼石油产品、水泥、化肥、机械、钢管、人造橡胶、沥青及农产品等；进口货物主要有原油、煤、谷物、木材、纸浆、磷灰土、矿砂、黄麻、咖啡及茶叶等。年货物吞吐能力约 1500 万吨。

鹿特丹港（荷兰）

鹿特丹是荷兰仅次于阿姆斯特丹的第二大城市，也是世界上最大的港口。它位于荷兰西部北海沿岸，莱茵河与新马斯河汇合口。港区由市中心沿新水道一直伸延到河口，直通北海；新水道与北海相连，全长32千米。入海口低潮平均水位21～22米，平均潮差1.65米。港区面积100平方千米，水域29.1平方千米。其中海船水域21.48平方千米，内河航船水域7.6平方千米。现有7个港区，40多个港池，码头岸线总长37千米。自东向西主要港区是马斯、瓦尔、博特莱克、欧罗波特和马斯低地港等。共有650多个泊位，同时可供600多艘千吨位、万吨位的轮船停泊作业。港区专业化分工严密，设有石油、矿石、钢铁、化工产品、粮食、木材、杂货、散装等专业码头和集装箱船、滚装船、载驳船作业区。外港欧罗波特港深水码头可泊巨型货轮、超级油轮。内河航船无需过闸即可进港。

鹿特丹港设备先进，装卸货物高度现代化，建立了雷达和计算机调度指挥。设有大宗货物进出储运油库，钢铁、粮食、化肥等专业仓库或货棚及冷藏库等。为了吸引更多的货物过境、储存、转运、分销，港口辟有自由港，港区设免税存货的仓库，为客户提供了各种方便。现有400多条海上航线通往世界各地，有1100多班次远洋轮船定期往来。每16分钟就有一艘远洋轮船进港或出港。是世界上最繁忙的港口之一。年吞吐量3亿多吨。进出港的货物主要来自亚洲、欧洲，其次是南美洲和非洲。在进出口货运中，转运量约占总吞吐量的40%。进出港货运中大宗货物占90%以上，其中过境转运的占85%，主要是原油和制成品为主。转运的主要国家有德国、英国、法国等欧洲共同体国家。

鹿特丹港的腹地非常广泛，在国内，以鹿特丹为中心，集中了荷兰的主要工、农业城市。有发达的公路、铁路和水运网把这些城市和鹿特丹连接起来。其邻国德国、瑞士、法国、比利时、英国等国家发展工业生产所需的原料和燃料主要靠进口，产出的产品又要出口，使居于中间位置的鹿特丹港成为它们大宗货物的转运中心。不仅如此，鹿特丹港的腹地向远扩展到整个西欧、中欧及东欧的部分地区。因此，该港有"欧洲门户"之称。可见，得天独厚的地理位置和广阔的经济发达腹地，是鹿特丹港不断发展的有力支柱。

鹿特丹的发展与港口的发展息息相关。鹿特丹原为一个渔村，因1283年在这里修堤防开辟围垦地而得名。荷兰地势低平，是世界著名的"低地之国"。"荷兰"即低地之意。全国有60%以上的地区海拔不

鹿特丹港

超过1米，低于海平面的地区占38％，最低点为海平面以下6.7米。所以荷兰的围海造陆工程为世界所罕见。鹿特丹位于低平地，低于海拔1米。1328年修筑堤坝形成渔业港镇。1570年后随着西欧海上运输和对外贸易的开辟，成为英、法和德之间的过境运输港。19～20世纪随着资本主义经济迅速发展及苏伊士运河通航而复兴，特别是1895年建成通北海的运河新水道，1877年接通市区与南荷兰间的铁路，以及德国的鲁尔区成为欧洲最大工业区以后，港口腹地范围进一步扩大，至20世纪初一跃成为荷兰第一大港，是欧洲与亚、非、北美洲间过境运输繁忙的港口。20世纪初起，港区不断西延，相继挖掘了当时世界最大人工港——瓦尔港、博特莱克港等。第二次世界大战后，欧洲经济复兴和西欧共同体成立，共同体之间经济贸易往来日益加强，促进鹿特丹港更加繁荣。港口面积不断扩大，吞吐量显著增加，使鹿特丹自1965年起成为世界第一大港。20世纪60～70年代又根据集装箱的发展，开挖了贝尔运河及修建欧罗波特港。同时，该港的集装箱运输迅速发展，1984年处理集装箱254万标准箱，居世界第一位。

现在鹿特丹市区面积200平方千米，市区人口1990年约为65.4万，成为荷兰第二大城市。在海运的有利条件下，随着港口的发展，鹿特丹的工业也得到迅速发展，并成为全国的重工业基地。主要工业有炼油、石油化工、船舶修造、港口机械、食品等。此外，鹿特丹还是欧洲炼油最大基地和世界三大炼油中心之一。该市现在已发展成西欧的贸易中心和商业金融中心。

阿姆斯特丹港 (荷兰)

阿姆斯特丹是荷兰的首都（政府设在海牙），是全国的最大城市和经济中心，也是荷兰的第二大港口。它位于须德西南岸，阿姆斯特尔河口，多条铁路、公路、内河、运河干线的交汇点上；面积170平方千米；人口70万，包括周围卫星城在内100万人。

阿姆斯特丹原是一个渔村，1296年建市。14～15世纪，由于对东方贸易和向海外殖民地掠取热带农业原料而兴起，并成为荷兰的重要港口。17世纪成为欧洲重要的商业城市和港口，1612年制定了运河计划，布置沿河建筑，形成了保留至今的面积8平方千米的半圆形市中心。19世纪初曾为荷兰王国首都。1865～1876年修通北海运河，1952年凿成阿姆斯特丹—莱茵运河，使港口运输条件更加改善，造船等工业迅速发展，市区环老城向南、向西扩展。第二次世界大战后，又扩大了港口和兴建工厂，随着港口和工业发展，城市人口猛增。

阿姆斯特丹港现已成为荷兰两个最大港口之一。10万吨以下的货轮可以通过一条12千米长的运河直接从北海进入港口，即船只经北海运河和阿姆斯特丹—莱茵运河过闸进出。北海运河最深达13米，可驶载重8.5万吨的货轮。远洋年货运量约2300万吨。阿姆斯特丹—莱茵运河年通行10多万船只，载重吨位共3000万吨。内河和海运在荷兰的运输业中起重要作用。海运业在荷兰特别发达，占对外贸易运输总额的1/2。商船队除运输本国货物之外，还为其他国家运输货物，欧洲共同

阿姆斯特丹港

体通过海上运输的货物有 30％要经过荷兰的海港，除鹿特丹港转运外，便是阿姆斯特丹海港。阿姆斯特丹是西欧国际大宗货物过境港之一，主要过境大宗货物有矿石、煤、谷类、木材、石油等。

荷兰为了保持它在国际货运方面的重要地位，不但加强了港口现代化建设，而且使用集装箱运输和分段转载，以吸收更多的转载货运。阿姆斯特丹不仅远洋水路交通特别方便，而且在市内有 50 多条运河，纵横交错，状似蛛网，颇有层次地环绕着城市。河上大小桥梁 600 多座，道路多而不乱，层次井然，船只可以在市内运河中自由航运到市区的任何地方，所以阿姆斯特丹素有"北欧威尼斯"之称。阿姆斯特丹港口地区又是该市从事各种贸易、运输最密集的地方，中央铁路车站就在海港处，它还是铁路的枢纽和国内重要的航空中心。

阿姆斯特丹是荷兰最大的商业、金融和工业中心，集中有全国主要银行、保险公司和交易所。它也是综合性工业城市，拥有造船、飞机制造、电子、电器、化学工业、钢铁、机械、金刚石加工、食品、纺织、印刷、出版等行业。阿姆斯特丹还是欧洲著名的文化艺术城和旅游中心，其河口的老城为市中心，老城几乎半数的建筑为中世纪遗迹，保留有古城堡、皇宫（现市政厅）等。市区古迹和西部海滨地区是主要游览胜地，旅游业是市政收入的重要来源之一。

阿姆斯特丹风光

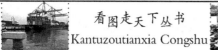

 # 安特卫普港（比利时）

安特卫普是比利时第二大城市和著名港口之一，也是安特卫普省首府。它位于比利时西北部，斯海耳德河下游，距北海 89 千米。城市跨斯海尔德河两岸，两岸交通由两条河底隧道连接；面积 140 平方千米，市区人口 19 万，包括郊区 70 万。

安特卫普港是一个人工港，属于挖入式封闭港，港区多数分布在斯海尔德河右岸，码头泊位主要在挖入式港池内，为了避开北海的潮汐影响，与斯海耳德河用船闸隔开，建有 6 个海船闸，供轮船出入。港区分老港区（停泊沿海及内河船舶）、深水港区（停泊远洋海轮）、新港区（停泊大型专用船舶）3 部分。其航道水深 14 米，可停泊 8 万吨级散装货轮，拥有泊位 500 余个，每年进港远洋海轮 1.8 万艘，普通入港驳船每月即达 5.5～6 万艘，年吞吐量近 1 亿吨，占比利时总吞吐量的 3/4。安特卫普港现在有 300 多条航线、1100 多艘船只与世界各地往来。港口设施机械化、自动化程度高，仓库、货场条件先进，仅冷藏库容积就有 40.5 万立方米，主要用于贮存新鲜水果，因此该港是西欧最重要的水果进口港。安特卫普港进口货物以原油、矿砂、木材、食品、原料为主；出口以钢铁、化工产品、玻璃和纺织等制成品为大宗。

安特卫普的主要工业是造船、有色金属、炼油、机械、化工、钻石、纺织和食品等。在安特卫普工业中，传统的钻石工业令人瞩目。全城共有钻石加工厂 250 多家，钻石加工量占世界钻石加工总量的 1/2；有几百家钻石商店，加工的钻石绝大多数供出口。

安特卫普地处斯海尔德河—摩泽尔河—莱茵河三角洲平原，水陆交通有利于安特卫普港与其腹地相连。在内河方面，安特卫普港利用天然河道和运河的有利条

安特卫普港

件进行航运。在陆路运输方面，安特卫普是 12 条重要铁路列车的终点，是欧洲的重要铁路枢纽。此外，它还是 7 条欧洲公路的交汇点，公路可通往欧洲各主要城市，并与海港内河组成四通八达的水陆运输系统。适中的地理位置，便利的交通条件，港口和腹地相连接，货物集散非常方便是安特卫普港成为著名港口不可缺少的条件。

安特卫普是一座闻名古城。公元 2～3 世纪这里已有居民点，8 世纪初开始有贸易点，11 世纪建成颇具规模的港口，13 世纪建市。1460 年这里成为欧洲第一个商业城市。随着钻石琢磨法的发明，1476 年建起小规模钻石加工工厂。到 16 世纪中期，这里更发展为欧洲最繁荣的商业城市、艺术城市和第一大贸易港。后因外族入侵和斯海尔德河口关闭，航运停顿，城市发展受到影响。几经兴衰变迁，两次世界大战中均被德国占领、遭受严重破坏。战后迅速恢复并不断发展，现在成为欧洲著名的港口城市，城市的航运公司就有近 300 家，港口在城市职能中占重要地位，已成为比利时乃至欧洲的著名港口。

根 特 港（比利时）

　　根特港是一个现代化和多功能的中型港口，位于德国汉堡－法国勒阿弗尔的中点。它的年货运总量为 4200 万吨（国际货运 2500 万吨，内陆水路货运 1700 万吨），另外还要加上 1200 万吨铁路和公路货运。港口区也是重要的工业中心，那里有沃尔沃卡车和汽车的组装厂以及物流服务商和供应商。本田汽车公司在根特港也有工厂。从北海的海上入口，是通过根特－Terneuzen 海上运河，它可以容纳最高 8 万吨载重量和最大吃水 12.30 米的海船。

　　根特港每年装卸 350 万吨海运的农业散装干货，并能提供 100 万吨的仓储。港口海运的货物中，农业散装货物、化肥、矿物、固体矿物燃料和铁矿砂合计占 73.6%。

　　根特港装卸 280 多万吨液体散装货物，在总的海运货物中，石油制品、化学品、液体化肥、植物油和果汁占 11.3%。根特港有 3 个大型专门的液体散装货物油柜码头和 2 个果汁码头。一般货物占总货运量的 15.1%，其中传统和散装货物占大部分。其装卸的主要货物种类是纸和钢，木材的量也很可观。该港有贮存钢制品的湿度和温度控制仓库和几个装卸其他一般货物的专门码头。

　　根特港绝佳的地理位置和基础设施使之发展成各种商品的主要经销平台。它位于三条欧洲主要公路的交汇点，其中 E17 码头连接斯堪的纳维亚半岛和葡萄牙，E34 码头连接法国海峡的港口和德国的鲁尔地区，E40 码头连接英国和土耳其。

　　港口的每个码头都通过根特港的列车调车场同欧洲的铁路网相连，而且它的运河和河流同欧洲主要的内陆水路相连。根特港的"欧洲桥梁"服务，提供每周从斯堪的纳维亚半岛（瑞典、挪威和芬兰）至根特的 6 个滚装货物和集装箱海运航班，而 Lys 航运公司经营从挪威到根特之间的班轮服务，每周有 2 个海运航班，同时还有每周 1 个海运航班往返根特和英国。

　　根特港是设施完备的专业配送和物流中心。它不仅提供仓储和物流，还提供有增值的加工、再加工和组装货物的中心。位于根特－Terneuzen 运河右岸的约翰·肯尼迪工业园区内驻扎着大量国际经销、交通和附属公司。

　　根特港还开发了一个 0.97 平方千米的新工业区，用于配送和轻工业。根特港新兴的工业是可更新型能源，许多公司计划在港口生产生态乙醇和生态柴油。

根特港风光

汉 堡 港 *(德国)*

　　汉堡是德国最大城市和港口。它位于易北河下游，阿尔斯特河和比勒河汇合处，距北海 110 千米。其港口面积约为 100 平方千米，其中水域面积 37.8 平方千米，陆域面积 62.2 平方千米，码头全长 65 千米，拥有 500 多个泊位和大小码头 63 个，如石油、煤炭、矿物、谷物、食品和集装箱等各种专业码头。它是一个河港和海港兼有的港口。易北河通海主航道 13～16 米，港区水域深广，可同时停泊 250 多艘大型海轮作业。汉堡港每年迎接 1.8 万艘船只出入港口，有定期航线 300 多条与世界 1300 多个港口相联系，年货物吞吐量 6300 多万吨。港口设备现代化，装卸效率高，泊港作业时间短，基本上是港等船，很少出现船等港的现象。因此汉堡港有"快港"的美称。货物存放、仓储设施条件完整，有 18 万平方千米的库房，各种不同种类的货物都有专门仓库和装卸设备。例如，专门装卸鱼类的码头，码头旁建有冷库，使渔轮能迅速卸货，减少停靠时间，保持鱼的鲜度。

　　汉堡港也是目前世界上最大的集装箱港口之一，有 18 个集装箱码头、22 台集装箱起重机，年集装箱装卸量 125 万标准箱。汉堡港设有 16.2 平方千米的自由港区，经营转口贸易，特别是为斯堪的纳维亚和中欧地区各国货物的转口。其转口货物约占年吞吐量的 1/3，所以汉堡又是一个转运港。该港进口的货物主要是石油、原料、食品等；出口的产品主要有机器、电子产品、燃料油等。

汉堡地处欧洲中心，北、东、南三面连陆，西面近海，交通非常便利，在海上对外与300多个港口相连。汉堡港又是内河港口，市区横跨易北河两岸，通过易北河以及运河与欧洲内陆航运相连接。为了港区之间的联系在地下建有世界上最早的全长426米的易北河隧道，从而连接汉堡市和自由港区。1975年又建设一条与旧易北河隧道平行的新易北河隧道，新隧道不仅缩短了市中心和港区之间的距离，而且成为连接西欧和北欧的公路，并缩短了距离。在陆路运输方面，汉堡的铁路四通八达。对外运输通过铁路、公路同国内以及欧洲的铁路、公路网相连接。因此作为交通枢纽的汉堡港经济腹地吸引了国内外大量货源，成为欧洲重要的货物集散地之一。此外，德国是西方世界仅次于美国、日本的第三工业大国，又是重要的对外贸易国，从而使汉堡港成为世界上最繁忙的港口之一，也使它成为德国的第一大港。

汉堡城市与其港口的发展，相互促进，港口在城市职能中占有特殊的地位，港口成为汉堡经济发展的立足点和经济得以振兴、繁荣的重要条件。无论从历史和当前都体现出汉堡港对汉堡城市发展的作用。在公

汉堡港

元 11 世纪末以前，汉堡是一个具有宗教性职能的小村镇。12 世纪中叶，汉堡商业、贸易的兴起，取代了宗教职能，成为北海和波罗的海地区之间的贸易中心，并且与北德和北欧地区的众多港口城市建立了自由贸易联盟，因此汉堡被称为"自由贸易市"。从此汉堡发展成为德国较大的港口城市。1860 年建筑了潮汐港，汉堡港进一步向现代化港口发展。到了 19 世纪，汉堡已成为仅次于柏林的德国第二大城市。进入 20世纪后，汉堡的港口贸易以及与航海业有关的造船、机器制造业等迅速发展。总之，在第二次世界大战以前，汉堡是以港口贸易为主，承担着德国绝大部分海外贸易及转口贸易。第二次世界大战期间，德国遭到严重破坏，85％以上的建筑物被炸毁，古建筑几乎无存。战后经过恢复和重建，汉堡重新成为德国第二大城市，并单独构成一个州。二战期间由于港口被破坏，失去了大部分转口贸易，但是港口重新修建和汉堡加工工业的快速发展，为汉堡港对外贸易的恢复和发展创造了有利条件。当今汉堡工商业发达，是以造船、石油炼制、冶金、机械、化工、橡胶等为主的港口城市。它还是德国最重要的外贸中心，不仅国内的许多公司在这里设立分支机构，各国的贸易公司、航空公司、轮船公司、保险公司、金融机构等也都在这里设有机构。

汉堡市内河道纵横，有 2000 多座桥梁，是全世界桥梁最多的城市，有"桥城"之称。其中新建设的一座拱形大桥，跨越大小港湾之上，飞架易北河南北，全长 3940 米，高 53.8 米，是港区最长的一座桥梁。

伦敦港（英国）

　　伦敦是英国首都，也是该国的政治、经济、文化和交通中心，还是英国第一大港。它位于英国东南部，跨泰晤士河两岸，距河口 88 千米，是海轮通航的终点。伦敦又称"大伦敦"，由内伦敦和外伦敦组成。其面积 1579 平方千米，人口 678 万（1990 年）。其中内伦敦由伦敦老城和 12 个区组成，面积 301 平方千米，人口 250 万。

　　伦敦港绵延于"伦敦桥"至入海口，全长 80 千米，占地（包括水域）160 平方千米，码头长 33 千米，航道宽 100～300 米，一般水深 9.7 米，可分为三大港区：印度和米尔沃尔港区，可装卸各种货物，最大水深 9.1 米，主要供来往北欧、南欧、西亚、东非和中美洲的船舶使用；蒂尔伯里港区，设有大型滚装船和集装箱码头，最大水深 12 米，主要供来往南亚、西非、北美和远东的船舶使用；油轮码头，最大水深 14 米，可停泊数十艘 10～20 万吨级油船。伦敦港的船坞，码头沿泰晤士河的下游伸延达 50 千米，可同时停泊 150 艘船只。因此，它成为英国最大的海港。18 世纪时它曾占全国对外贸易货运量的 3/4，现在仍占约 1/4。年吞吐量多年来基本上在 5000 万吨。在货物中，以进口为主，主要是进口煤、石油、原木、羊毛、粮食等；出口机械产品、原钢材、化工产品等。长期以来伦敦是世界上最大的航运市场，世界上主要的航运、造船和租船公司都在伦敦设有代表机构。

　　优越的地理位置和自然条件是伦敦和伦敦港形成和发展的重要基

伦敦港

础。泰晤士河口是不列颠群岛通向欧洲大陆的最短航线的起点。泰晤士河曲折横贯市区，河面宽 180～270 米，伦敦桥下可通行轮船，为港口发展提供了有利条件。在自然环境方面，伦敦位于盆地中央，四面为丘陵，是典型的温带海洋性气候，冬季温和，夏季凉爽。年平均气温10.5℃，年降水量 615 毫米。泰晤士河口是富庶的英格兰低地的一部分，泰晤士河谷土地肥沃，发展农业有利。泰晤士河及其支流拥有丰富的水资源，为工农业生产提供了有利条件。所以伦敦不仅是经济最发达的英格兰东南地区，也是整个不列颠群岛的物资集散地，而且扼居大西洋航道的要冲，是连接西欧与北美洲的桥梁。在陆路，国内主要交通干线均以此为起点，有铁路和公路通往全国各大城市。

伦敦是全国经济中心，有全国最大的机械工业，主要工业部门有机电、电子、汽车制造、精密仪器、飞机、船舶制造、印刷和纺织工业等。这些工业主要分布在城市东部的泰晤士河下游两岸，紧靠港口区，交通运输和工业生产用水十分便利。而伦敦港是"伯明翰—巴黎—鲁尔工业区"这一经济发达地带中最大的港口。

伦敦的历史始于公元43年。罗马帝国的军队在大不列颠岛登陆，首先选择了泰晤士河北岸的一块土地，辟为通商的港口，以后垒起石墙，成为永久据点，这是最早的"伦敦城"。随着封建帝王之间的权利变更，伦敦几易其主，并几遭毁灭和重建。公元9世纪，撒克逊王统治英国后，伦敦开始成为英格兰最大的城镇。到了15～16世纪，伦敦已发展成为世界上最重要的贸易中心，范围也超过了"石墙"的限制。18世纪工业革命使伦敦获得了迅速发展，到18世纪末人口已超过100万，成为世界大城市。18世纪末以后的100多年间，整个英国拥有世界最大商船队，控制世界海上贸易。第一次世界大战后，在美国、日本、挪威等国竞争下，英国的地位下降。第二次世界大战期间，伦敦遭到重创，战后，逐渐恢复和发展，现在伦敦已成为功能齐全的综合性城市，贸易、金融、保险等业务在世界上占有重要地位，并有"金融城"、"贸易之都"之称。港口以及各种交通的发展是伦敦兴盛的重要原因。伦敦虽然地处大不列颠的东南隅，但是发达的现代化交通使之成为全岛的"中心"。伦敦是全国1.8万平方千米铁路网和3.61万千米公路网的中心。而且铁路网与港口相连接，沟通了各大工业区之间的联系。

　　伦敦曾以多雾驰名于世，全年雾日总数达40～50天。近年来，由于采取了多种措施，浓雾罩城和对航运影响的状况有了改善。

利物浦港（英国）

　　英国是个岛国，四面被海包围，海运便利，海岸线曲折，自然良港很多。利物浦是其重要的现代化港口之一，它位于英格兰西海岸默西河入爱尔兰海的河口两岸，市区人口 50 多万，包括郊区则有 113 万。利物浦港水深约 10 米，水深浪静，是个天然良港。港口码头全长 11 千米，有 50 多个供外国船只停泊的作业码头，其中大多数为专业性码头；南部有格拉德斯通码头（此码头是大型专业化码头）；西岸有伯肯黑德和沃勒西码头。利物浦港也是重要的客运港，与世界各大港有定期班船联系。港区有众多仓库和船坞，沿河口湾东岸有长达 15 千米的船坞和欧洲最大的烟草仓库。

　　利物浦港是欧洲现代化的大港之一，港口设施先进，高度现代化作业，装卸效率、码头利用率和船舶周转率都很高。例如，谷物进出粮仓是经过自动计量，整个装卸、储存和运输过程，都由一台模拟控制系统远距离操作，每小时可从船上卸谷物 2000 吨。谷物的码头和仓库，只有 120 名职工分三班作业，靠高度的机械化和自动化、管理微机化来运转，由此可见利物浦港设施的先进程度。高度现代化的港口设施和优越的地理位置，使利物浦成为名不虚传的国际贸易港，它在英国经济发展和对外贸易中都占有重要地位，其输出量居英国首位，输入量仅次于伦敦港。港口年吞吐量 3000 万吨。它出口货物有各种工业品、钢铁、化学制品、机械和汽车等；进口货物有粮食、糖料、棉花、烟草、木材、

利物浦港

金属及其他原料。

　　利物浦是英国重要的工业城市，也是英国船舶制造中心，修造厂和大型船坞主要分布在港区内侧。其他工业有纺织、印刷、汽车、冶金、石油加工、服装和化学工业等，其中印刷业和服装业在全国占有突出地位。利物浦交通便利，是全国交通枢纽，铁路是全国各地铁路网的起点，公路四通八达；有5条双轨铁路和能通海洋船舶的运河与曼彻斯特连接。利物浦又是默西河沿岸、大曼彻斯特、西约克郡和西米德兰兹郡的出海口。便利的交通为港口物资的集散提供了有利条件。

　　利物浦是世界上历史悠久的港口之一。公元8世纪，斯堪的纳维亚人移居于此，并将它辟为渔村，1207年建城堡。随着地理大发现和欧洲国家大举向外殖民，利物浦不仅成为大批去"新大陆"和非洲、远东的殖民者的主要进出口岸，而且成了著名的"三角形贸易航线"的中心。15世纪中叶，利物浦成为对爱尔兰贸易的重要港口。17世纪末，其贸易扩大到西印度群岛，并成为当时奴隶贸易的重要港口。1715年这里修建船坞，1880 年建市。到 1927 年，利物浦成了英国最兴旺、最大的一个海港。第二次世界大战时，利物浦曾遭破坏，战后重建为现代化港城，这时利物浦已退居英国的第二大海港。

利物浦码头

南安普顿港（英国）

　　南安普顿港位于英国英格兰南部，特斯特河与伊钦河口的汇合处，濒临英吉利海峡北侧的索伦特海峡内，是英国重要的远洋贸易港和主要的客运港，也是横渡大西洋的邮船码头。南安普顿距伦敦约 100 千米，有铁路与公路相连；距法国的勒阿弗尔港约 203.72 千米；有轮渡与海峡群岛、怀特和勒阿弗尔港相通。它是全英最大的修船、造船中心之一，拥有较大的干船坞。主要工业有飞机制造、电机、电缆、炼油、汽车、塑料、合成橡胶及食品等。机场有定期航班飞往荷兰的阿姆斯特丹、比利时的布鲁塞尔和法国的巴黎等。

　　该港属温带海洋性气候，盛行南风，温和湿润，多阴雨云雾，冬季尤甚。年平均气温约 10℃～20℃。全年平均降雨量约 900 毫米。平均潮差：大汛高潮 4.5 米，小潮低潮为 2 米。涨潮时间长，船只每日有 7 小时可以进港。

　　该港装卸设备有各种岸吊、可移式吊、集装箱吊、浮吊、滚装设施等。集装箱吊最大起重能力为 40 吨，浮吊为 100 吨，干船坞吊为 51 吨。FAWLEY 油码头最大可靠 10 万载重吨的油船。谷物仓库有 17 座，容量有 3.6 万吨，其中 13 个仓库有充气设备。谷物用卡车送到仓库，由 4 台每小时 1100 吨的卸货机负责装卸。最近，一座新的水果专用码头正式开业，拥有占地约 1 万平方米的温度调节仓库。本港大船锚地水深达 23 米。1994 年集装箱吞吐量达 60 万标准箱，1992 年货物吞吐量达 3200 万吨，主要出口货物为机器、摩托车、精炼油及杂货等；进口货物主要有谷物、木材、原油、水果、酒、羊毛、兽皮、肉等。

南安普顿市位于英格兰南部海岸，乘火车约 1 小时就可到达伦敦，起到伦敦外港的作用；乘渡轮可抵达法国和欧洲其他国家。海洋村码头经常主办国际帆船大赛。城市里还有几家电影院、两家大剧院、几个音乐厅、艺术画廊以及南部地区最大之一的购物中心。南安普顿大学于 1952 年建立。

南安普顿是一座欣欣向荣的现代化城市，与旅游城市温彻斯特（历史上曾是英格兰的首都）、索尔兹伯里和伯恩茅斯比邻；新森林（自然风景异常优美的森林区）和世界著名的史前巨石阵也离本市不远。

南安普顿码头巨轮